MARLIES PANTE

DER HIMMEL AUF ERDEN

DIE HATHOREN
über Sonnenstürme
und den Polsprung

Eine Originalausgabe im AMRA Verlag
Auf der Reitbahn 8, D-63452 Hanau
Hotline: +49 (0) 61 81 – 18 93 92
Service: Info@AmraVerlag.de

Herausgeber & Lektor	Michael Nagula
Einbandgestaltung	Murat Karaçay
Layout & Satz	Birgit Letsch
Druck	CPI books GmbH

ISBN Printausgabe 978-3-95447-467-7
ISBN eBook 978-3-95447-092-1

Ebenfalls von Marlies Pante bei uns erhältlich:
Reine Liebe erwartet Dich! Botschaften vom Arcturus
No Limits! Willkommen in der Schöpferkraft. Mit Übungen
Das Große Erwachen. Heilungsbuch der Arcturianer

Das vorliegende Buch

widme ich meiner Schwester Stephanie Pante,

die sich in keinster Weise für die Thematik

dieses Werkes interessiert.

Da ich jedoch in absehbarer Zeit

weder einen Vampirroman

noch ein Fachbuch über Schauspielkunst

zu Papier bringen werde,

mache ich es nun einfach so.

Stephi, danke für deine Klarheit!

Du bist für mich die weltbeste Schwester überhaupt!

Ich danke meiner Freundin Dorit van Almsick
für ihre aufmerksame Durchsicht
des Manuskripts
und ganz besonders für unsere täglichen
»Drehbücher«.

Ich habe nicht nur die weltbeste Schwester,
sondern auch noch die weltbeste Freundin
an meiner Seite.

Danke, danke, danke!

Inhalt

Liebe Marlies,

vielen Dank für deine zauberhaften Dialoge mit den Hathoren.

An vielen kleinen Beispielen, die aus dem Leben gegriffen sind, ist mir auf leicht verständliche Art und Weise klar geworden, was im Moment geschieht.

Wir alle spüren sie, die Veränderungen ... Die Menschheit befindet sich fühlbar im Wandel.

Besonderen Dank für die Erkenntnis, dass wir alle Schöpfer unseres Lebens sind, dass in jedem von uns diese Schöpferkraft steckt.

Und es macht Spaß. Es macht sehr viel Spaß, sich in diese wunderbare Energie zu bringen und Wünsche wahr werden zu lassen. Nicht zuletzt habe ich jetzt das gewünschte Pferd in meiner Nähe, das ich reiten darf.

Obwohl Physik in der Schule nie mein Lieblingsfach war, verstehe ich aufgrund deines Buches jetzt auch ganz leicht Dinge wie Magnetfelder, Kristallgitternetz und Polsprung – nicht zuletzt durch das herrliche und einfache Beispiel mit der Schaukel.

Dieses Buch zeigt auf wundervolle Art und Weise, was unsere Helfer aus anderen Dimensionen für uns tun und wie sie uns unterstützen, damit wir bei dem bevorstehenden Quantensprung sanft und sicher landen können.

Herzlichen Dank noch mal für all diese schönen und wichtigen Erkenntnisse und für die großartige Möglichkeit zur individuellen Entfaltung für uns alle – jenseits von irgendwelchen Philosophien und Religionen.

Deine Freundin

Dorit

*H*allooooooooooooooo ...

Halloooooooooooooo.

Heh, ihr habt Humor.

Endlich.

Endlich?

Ja, endlich. Wir wollen schon lange mit dir reden.

Ich weiß. Aber ich habe eben noch einen Job, außerdem war ich krank – bin ich im Grunde immer noch. Und davor war ich verreist und busy. Reicht das?

Wir haben dir die Krankheit geschickt.

Spinnt ihr? Ihr seid mir ja schöne Freunde. Da kann man ja schon gar nicht mehr von Freunden reden!

Wir mussten dich irgendwie zur Ruhe kriegen.

Habt ihr vergessen, dass ich meinen Job trotz Krankheit erledige und abends einfach keine Kraft mehr habe? Dass ich alle meine Verabredungen mit Freunden absagen musste? Findet ihr das etwa gut?

Du wolltest doch Zeit für unsere Gespräche.

Ja. Aber noch lieber möchte ich gesund und fit sein.

Wir mussten da jetzt trotzdem eingreifen.

Wieso?

Weil deine Seele zugestimmt hat, unsere Botschaften aufzuzeichnen.

Was meine Seele so alles macht, während ich mit meinem Verstand woanders bin ... tsss.

Du hast auch Humor.

Ohne würde ich das hier alles gar nicht aushalten.

Was musst du denn aushalten?

Alles! Ein Geschäft zu führen, das mir nicht viel freie Zeit lässt, und dabei immer mal wieder mit dem Geld nicht wirklich auszukommen. Das ist doch bekloppt.

Sollen wir dir helfen?

Ist das ein Trick? Versprecht ihr mir jetzt, ihr macht mich reich, wenn ich nur ja eure Botschaften aufschreibe?

Nein, kein Trick. Uns geht es gar nicht darum, dir zu helfen.

Na toll.

Uns geht es darum, uns mitzuteilen. Und zwar mehr als einer Person.

Lasst mich raten: Und genau dafür habt ihr mich ausgewählt. Weil meine Seele angeblich wieder »hier« geschrien hat.

So ist es.

Na, meinetwegen. Ich bin zwar nicht so gut drauf, aber dass ihr mit mir reden wollt, weiß ich schon etwas länger.

Erzähl mal.

Das wisst ihr doch selbst. Immerhin habt ihr es so eingefädelt, oder? Als das Arcturus-Buch fertig war, hatte ich meinem Verleger gesagt, dass ich gerade ein Buch über Männer an weltliche Verlage geschickt habe und derzeit an zwei weiteren spirituellen Büchern schreibe. Er meinte, dass er die gern lesen würde, wenn sie fertig sind, *und* er fragte mich, ob ich schon mal daran gedacht hätte, über die Hathoren zu schreiben ... über euch ..., denn einen Draht hätte ich ja wohl zu euch. Dass ich euch aus meiner Arbeit in der Matrix kenne, steht schließlich im Vorwort des Arcturus-Buches. Ich habe ihm dann gesagt, dass ich gar nicht so viel Zeit zum Schreiben habe, und über *euch* zu schreiben ... nun ja, darüber hatte ich eigentlich noch nie nachgedacht.

Aber irgendwie hatte ich seitdem so ein Gefühl von: Heh, die Hathoren sind ständig um mich. Sie haben uns etwas mitzuteilen.

Genau so ist es auch.

Und dann habt ihr mir mal kurz diese Seuche geschickt, mitten im August, ja?

So ähnlich.

Eigentlich wundert es mich, dass ihr uns überhaupt etwas mitteilen möchtet.

Wieso?

Nun ja, in der Matrix sind ja immer alle anwesend. Die Einhörner, die Engel, die Erzengel, die Arcturianer, Feen, Gnome, Weiße Schwestern- und Bruderschaft und und und. Wenn ihr dabei wart, wart ihr meist eher still, habt mehr beobachtet als etwas gesagt oder getan. So wie jemand, der bei einer Operation nur die Schere hält. Habe ich recht?

So ähnlich ist auch unsere Aufgabe bei eurem Aufstieg.

Hiwis? Azubis? Lernschwestern?

Ja, so kannst du dir das vorstellen.

Und wieso wollt ihr uns dann etwas mitteilen? Ich meine, haben die Ärzte, die einen operieren, nicht vielleicht Wichtigeres zu sagen als die Schwestern, die nur die Schere halten?

Verstehst du alle medizinischen Fachbegriffe?

Nein.

Also!

Ach, dann seid ihr hier, um das, was mit uns geschieht, so zu übersetzen, dass wir es auch verstehen?

Ja, so ähnlich kannst du es dir vorstellen.

Sind wir denn solche Dummis?

Ihr seid alles andere als Dummis.

Also, worum geht es?

Es ist so: Den Aufstieg, den ihr gerade erlebt, haben wir erst vor Kurzem durchgemacht, und wir können uns noch sehr gut daran erinnern. Wir wissen, was uns besonders schwer fiel, und wir wissen auch, wie es dann besonders leicht ging. Darum sind wir hier.

Wir lehren nicht gern durch viele Worte, sondern unterstützen euch lieber bei der Umsetzung.

Stell es dir ungefähr so vor: Ein Erstklässler hat Schwierigkeiten, die Subtraktion zu lernen. Dann fragt er einen Mathematikprofessor, und der antwortet ihm: »Die Zahl, von der etwas abgezogen wird, heißt Minuend, die, die abgezogen wird, Subtrahend. Der Term, der den Minuenden, das Minus-Zeichen und den Subtrahenden umfasst, heißt Differenz.«

Und dann kommt ein Schüler aus der zweiten Klasse, geht zu dem Erstklässler hin und sagt ihm: »Hier hast du sieben Äpfel. Wenn du fünf davon deiner Oma schenkst, wie viel bleiben dir dann noch?«

Jetzt verstehe ich. Durch eure zeitliche Nähe zum eigenen Aufstieg könnt ihr unsere Schwierigkeiten wesentlich besser erkennen und uns viel effektiver Hilfestellung geben als die, die schon in höheren Dimensionen sind. Das mag bei anderen zwar weiser klingen, aber eine praktische Umsetzungshilfe können wir besonders gut von solchen wie euch bekommen. Richtig?

Du hast es genau richtig verstanden. Und es gibt sogar noch einen weiteren »Vorteil«, wenn du es so nennen möchtest. Höhere Wesen wie beispielsweise die Arcturianer, die dir ja auch sehr vertraut sind, haben eure Gedankenmuster studiert. Sie haben eure Art, wie ihr Schlussfolgerungen und Vermutungen anstellt, genauestens beobachtet und aufgrund dieser Beobachtungen eure Gedankenwelt immer präziser verstanden.

Wir hingegen haben diese Art des Denkens noch in unserer eigenen Erinnerung. Wir können ohne Aufwand nachvollziehen, warum ihr bestimmte Entscheidungen trefft.

Ja, das verstehe ich. Aber jetzt mal Klartext: Warum helft ihr uns? Macht euch das Spaß?

Wir müssen.

Ihr müsst? Quatsch!

Nein, wirklich. Es ist zwangsläufig. So, wie ihr aufsteigen »müsst«, müssen wir helfen. So, wie ihr euren Kindern helft, gehen und sprechen zu lernen, müssen auch wir das. Es ist so eine Art kosmisches Naturgesetz. Man kann gar nicht anders. Und außerdem macht es uns Spaß, ja.

Ich habe mal als Nachhilfelehrerin gearbeitet. Manchmal war es so, dass ich beim Erklären erst richtig kapiert hatte, wie es funktioniert. Geht euch das auch ein bisschen so?

Durchaus. Wir haben den Aufstieg vollzogen, aber während wir »Nachhilfe« geben, wird uns einiges erst so richtig bewusst.

Ich finde es sehr sympathisch, dass ihr auch erst spirituelle »Zweitklässler« seid. Das erleichtert mir den Zugang zu euch.

Nun ja, eigentlich leben wir in ganz vielen verschiedenen Dimensionen, von der siebten bis zur zwölften. Also sind wir nicht alle »Zweitklässler«. Es sind auch ein paar »höhere« dabei ... Aber jede Frequenz erlebt ihren eigenen Aufstieg, das ist auch so ein Naturgesetz ...

Ich glaube, ich möchte mich sehr gern mit euch unterhalten. Gibt es bestimmte Themen, die euch besonders wichtig sind, oder wie machen wir es?

Es gibt bestimmte Themen. Wir werden unsere Gespräche jeweils in die entsprechende Richtung lenken.

Und meine Aufgabe ist es, das alles aufzuschreiben und euch Fragen zu stellen?

Richtig. Deine Fragen sind sehr wichtig. Es sind die Fragen von euch allen.

Heh, ich empfinde Vorfreude. Aber für heute habe ich erst einmal genug. Bin ja noch ein bisschen krank.

Gute Nacht, Schwester.

Gute Nacht, Brüder?

Brüder und Schwestern. Du kannst aber auch nur Brüder sagen.

Ja, das gefällt mir. Brüder hört sich gut an. Brüder. Ich habe Brüder.

*H*allo, Brüder!

Hallo, du Liebe. Endlich.

Ja, ich weiß.

Was war los?

Ach, das wisst ihr ja wahrscheinlich. Mein Geschäft ist sozusagen explodiert. So viel Arbeit, ich stehe kurz vor dem Burnout. Inzwischen haben wir Januar, und ich habe nicht ein einziges Mal Zeit gefunden, euch zu mir durchzulassen.

Das wolltest du doch so.

Was wollte ich? Einen Burnout?

Du wolltest viel Geld.

Ja, das stimmt. Meine Konten sind prall gefüllt, und es kommt immer mehr dazu.

Gefällt dir das nicht?

Doch, es beruhigt mich. Das ist wirklich ein sehr schönes Gefühl.

Aber?

Ich kann nicht mehr. Ich bin nur noch am Arbeiten, und alles muss immer schnell gehen und wird immer mehr.

Also war Geld gar nicht das, was du wolltest?

Doch. Unbedingt. Ich finde es wirklich sehr angenehm, ein volles Konto zu haben. Auch wenn ich gar nicht so viel Geld ausgebe. Es ist einfach schön, dass es da ist. Aber ich möchte Zeit haben.

Lieber Zeit und kein Geld mehr?

Nein, ich möchte Zeit *und* Geld haben. Geht das? Ich meine, geht das für *mich?*

Natürlich. Es geht für jeden von euch.

Wie denn?

Weißt du, wie du dir Geld erschaffen hast?

Hmm, ich denke schon, dass ich das weiß ...

Magst du es uns erzählen?

Sehr gern. Also in meinem Fall hat es, glaube ich, damit zu tun, dass ich seit einiger Zeit meiner besten Freundin jeden Tag erzähle, wie gut mein Geschäft läuft und dass ich gar nicht mehr weiß wohin mit dem ganzen Geld, ob sie es hören will oder nicht.

Aber am Anfang lief das Geschäft doch gar nicht so gut, oder?

Es lief halt normal. Mit Höhen und Tiefen. Nun gibt es nur noch Höhen.

Wieso hast du deiner Freundin etwas erzählt, was noch nicht Wahrheit war?

Damit es Wahrheit wird.

Magst du uns das erläutern?

Sicher. Es begann im Mai. Da saßen meine Freundin und ich bei mir in der Küche, und wir schimpften wie die Rohrspatzen, wie blöd alles läuft und wie enttäuscht wir von zwei bestimmten Männern waren. Wir haben uns da so richtig schön reingesteigert.

Dann fiel mir aber zum Glück ein, dass man ja auch mit solchen Stimmungen ähnlich geartete Ereignisse anzieht, nach dem Gesetz der Resonanz. Das wollte ich natürlich nicht.

Zum Glück erinnerte ich mich an ein Experiment, das ich ein paar Jahre zuvor mit einer anderen Freundin durchgeführt hatte.

Was war das für ein Experiment?

Wir haben damals zwei Monate lang täglich miteinander telefoniert. Jede von uns hatte einen großen Wunsch. Sie wollte einen Partner finden, und ich wollte 50.000 Euro haben. Einfach so, ohne etwas dafür tun zu müssen.

Wir wollten uns jeden Tag erzählen, dass dieser jeweilige Wunsch bereits eingetroffen ist. Und zwar mit einer solchen Überzeugungskraft, dass das Universum – oder wer auch immer dafür zuständig ist – kapiert, dass das nun unsere neue Realität ist.

Meine Freundin fand, dass mein Wunsch ja total leicht sei. Kein Wunder, sie hatte auch erst kurz vorher eine große Erbschaft gemacht und schon öfter einfach enormes Glück in Geldangelegenheiten gehabt.

Ich hingegen fand, dass ihr Wunsch ja wohl megaleicht zu erfüllen sei. Ich habe ihr gesagt: »Tolle Männer gibt es doch an jeder Ecke.«

Deshalb sind wir auf die Idee gekommen, dass sie meinen Wunsch für mich aussprechen soll. Immerhin zweifelte sie nicht daran, dass man einfach so fürs Nichtstun 50.000 Euro bekommen kann. Da ich nicht daran zweifelte, dass es potenzielle Partner an jeder Ecke gibt, habe ich ihr jeden Tag erzählt, wie wundervoll ihre neue Beziehung verläuft.

Und warum habt ihr nach zwei Monaten mit diesen Telefonaten wieder aufgehört?

Weil wir nach zwei Monaten beide Wünsche erfüllt bekommen hatten.

Wunderbar. Das ist Schöpferkraft.

Nun ja.

Nun ja?

Es gab einen Schönheitsfehler bei der ganzen Geschichte.

Jetzt sind wir neugierig!

Meine Freundin hatte 50.000 Euro fürs Nichtstun bekommen, und ich hatte einen neuen Partner.

[Gelächter] Wir lieben solche Geschichten.

Unsere Begeisterung war eher gedämpft. Meine Freundin musste aus ihrer Wohnung ausziehen, weil das Haus renoviert werden sollte. Weil sie aber nicht ausziehen wollte, bekam sie eine Abfindung von 50.000 Euro. Ich war megabeeindruckt. Ihr wäre es jedoch lieber gewesen, wenn sie in der Wohnung hätte bleiben können. Von meiner neuen Partnerschaft war sie hingegen fasziniert. Und ich wäre damals gern noch ein paar Monate länger Single gewesen.

Ihr wisst wahrscheinlich, warum eure Wünsche umgekehrt erfüllt worden sind?

Ich denke schon. Ich habe ja immer voller Inbrunst von ihrem Wunsch erzählt und sie von meinem.

Richtig. Wie ist denn die Geschichte mit deiner anderen Freundin vom Mai weitergegangen?

Ich hatte ihr die Geschichte von dem Partner und den 50.000 Euro erzählt, und wir haben noch am selben Tag beschlossen, dass wir dieses Experiment auch machen werden. Seitdem haben wir uns so oft es geht unsere Wünsche so erzählt, als ob sie schon Realität sind.

Und was habt ihr dabei erlebt?

Ach, eine ganze Menge. Am Anfang waren unsere Wünsche noch ziemlich abgehoben. Wir hatten die schönsten Häuser an den besten Orten, die coolsten Männer und die abgefahrensten Hobbies.

Oh, hat sich davon etwas erfüllt?

Ja, auch. Wir hatten auf einmal Kontakt zu Männern mit Häusern an Seen. Wir lernten coole Typen kennen. Wir fanden die Männer mit Haus am See aber unattraktiv, die Seen waren an Orten, an denen wir nicht wohnen wollten, und die ganz coolen Typen waren für uns einfach zu cool. Wir wollten doch lieber welche mit Herz.

Wir haben schnell gemerkt, dass wir zwar unsere Realität auf diese Weise gestalten können, aber dass die Wünsche und somit die Ergebnisse gar nicht authentisch waren.

Inzwischen kreieren wir ganz normale authentische Umstände.

Zum Beispiel?

Meine Freundin wollte gern wieder reiten. Sie wollte ein tolles Pferd, das jemand anderem gehört, der es pflegt. Sie wollte es reiten können, wann sie Lust dazu hat, und keinerlei Verpflichtungen eingehen. Außerdem sollte das Pferd ganz in ihrer Nähe und mitten in der Natur untergebracht sein.

Klingt vielleicht egoistisch, aber wir wollten doch ehrlich sein, und ... na ja ... da kommen solche Dinge eben in einem hoch. Außerdem: Da sie die Gegend bei sich kennt, hielt sie diesen Wunsch ohnehin für ziemlich unerfüllbar.

Bis zu dem Tag, als sie beim Einkaufen mit jemandem ins Gespräch kam, der ihr »zufällig« davon erzählte, dass jemand eine Reiterin für ab und an sucht, die jedoch nur reiten und das Pferd nicht selber pflegen sollte. Das Pferd stünde ganz in der Nähe mitten in der Natur, sagte er ihr – und nun hat meine Freundin ihren Wunsch perfekt erfüllt bekommen.

Aber warum wollt ihr das eigentlich alles wissen?

Weißt du noch, was du dir für dein Geschäft gewünscht hast?

Ich habe meiner Freundin jeden Tag erzählt, wie gut es läuft und dass ich vor Arbeit und Geld schon gar nicht mehr weiß wohin.

Und wie ist die Situation nun?

Genau so. Ich weiß vor Arbeit und Geld nicht mehr wohin.

[Gelächter]

Ja, im Grunde lustig. Aber im aktuellen Erleben mega anstrengend.

Mega.

Macht ihr euch lustig über mich?

Es amüsiert uns, dass du so oft »mega« sagst.

Hmpf. – Aber ich habe schon verstanden. Ich muss ab jetzt nur erzählen, wie wunderbar sich alles entspannt hat, dass ich alles so organisiert habe, dass ich viel Zeit *und* viel Geld habe.

Wie wäre es mit Geld, für das du nichts tun musst?

Tja. Hm. Das wäre schön. Noch kann ich daran aber gar nicht glauben. Auch wenn ich gesehen habe, wie leicht man zu 50.000 Euro kommen kann.

Dann gehst du halt diesen Umweg. Das ist nicht schlimm.

Oder habt ihr einen Beschleuniger? Kann ich die Phase überspringen, in der ich erst noch alles gut organisieren muss? Kann ich nicht einfach ratzfatz Geld bekommen, für das ich nichts tun muss?

Du bist wirklich ehrlich in deinen Aussagen ... zu dir und zu uns! Dazu gratulieren wir dir. Und wir können dir da auch einen Tipp geben. Aber dafür müssen wir dir erst noch einiges mehr an Wissen übermitteln. Am Ende kannst du dir selbst die Antwort geben.

Also gut, abgemacht, dann freue ich mich auf unsere weiteren Dialoge.
  Für heute habe ich aber genug. Bis bald, ihr Brüder!

Bis bald, Schwester, wir freuen uns.

Und ich erst. Mega.

*H*allo, ihr Lieben, ich bin wieder da.

Das war nun wirklich ein kurzer Zeitabstand.

Weil ich mich schon ein bisschen umorganisiert habe. Jetzt habe ich bestimmt öfter Zeit für uns.

Das freut uns sehr.

Mir liegt etwas am Herzen.

Was denn?

Ich habe keine Lust, viel über die Fakten, die über euch schon bekannt sind, zu schreiben.

Welche Fakten über uns kennst du denn?

Ach, halt das, was so in anderen Büchern über euch steht. Woher ihr kommt und so ... blabla. Das interessiert mich eigentlich weniger.

Vielleicht kannst du trotzdem kurz zusammenfassen, was du an Fakten über uns weißt, weil wir glauben, dass nicht jeder Leser dieses Vorwissen hat. Danach beschäftigen wir uns mit viel spannenderen Themen.

Einverstanden. Also, was ich über euch weiß: Ihr stammt ursprünglich aus einem anderen Universum, hattet eine Zwischenstation auf dem Sirius und kamt von dort auf die Erde und die Venus.

Auf der Erde wart ihr schon öfter, ihr befasst euch seit Jahrtausenden mit der Menschheit. Bei der Entstehung des Buddhismus hattet ihr Kontakt zu tibetischen Lamas.

Das letzte Mal wart ihr bewusst auf der Erde im alten Ägypten. Dort existieren heute noch ein paar bildhauerische Werke vor den Hathor-Tempeln, die euer Aussehen zeigen. Große Gestalten mit ovalen Köpfen, so wie Ernie aus der Sesamstraße.

[Gelächter] So einen Vergleich hat noch keiner angeführt. Es amüsiert uns.

Ja, dass ihr Humor habt, steht auch überall. Warum habt ihr so viel Humor? Ist das nicht ein wenig seltsam für Geistwesen?

Ganz und gar nicht. Die Ur-Quelle allen Seins ist im Kern freudvoll und voller Humor.

Oh, das wusste ich nicht. Also freudvoll war mir irgendwie klar, aber humorvoll ist mir neu.

Es ist natürlich ein fröhlicher Humor.

Dachte ich mir schon. Böser Humor oder Schadenfreude gehört sicherlich nicht zur Urlichtquelle.

Richtig.

Dann verstehe ich, warum ihr so viel Humor habt. Haben denn die Wesen in noch höheren Dimensionen noch mehr Humor als ihr?

Der Humor wird mit jeder Dimension feiner, friedlicher und freudvoller.

Nun ja, das klingt mir doch ein wenig abstrakt, aber ich glaube, ich habe eine leise Ahnung, in welche Richtung es geht.

Wir sind auch längst noch nicht in der äußersten feinsten Schwingung des Humors. Und doch ... Wir amüsieren uns zum Beispiel köstlich über die Naivität der menschlichen Schöpferwesen. Das würden wir in einer höheren Dimension nicht mehr machen.

Ihr amüsiert euch über unsere Naivität? Kann ich dafür ein Beispiel haben?

Es amüsiert uns zum Beispiel, dass viele von euch glauben, in der nächsten Dimension herrschten Friede und Eintracht unter den Menschen, und alle seien dann immer gleicher Meinung, weil es offensichtlich sei, was richtig ist.

Ist es denn nicht so?

Es stimmt, dass die Zeiten friedvoller und harmonischer werden. Aber es gibt weiterhin Meinungsverschiedenheiten, unterschiedliche Herangehensweisen und auch immer noch verschiedene Persönlichkeiten.

Hm, okay. Der abrupte Übergang von dem, wie es jetzt ist, zu einer völligen Einheit wäre ja auch zu krass. Wenn es nach und nach harmonischer wird, ist das doch eine schöne Entwicklung.

Außerdem bin ich mir nicht sicher, ob ich meine Persönlichkeit gern einfach so aufgeben möchte. Jedenfalls noch nicht. Das kann ich mir gar nicht vorstellen. Sie macht mich doch aus, und irgendwie habe ich auch daran gefeilt und gearbeitet. Das würde ich nicht einfach so hergeben wollen.

Ihr könnt eure Persönlichkeit noch viele Leben lang behalten.

Habt ihr noch einzelne Persönlichkeiten und Charaktere? Oder seid ihr geistig schon miteinander verschmolzen? Es heißt doch immer, dass ihr Gruppenwesen seid und immer zu siebt oder so auftretet.

Wir verbinden uns zu Interessensgruppen, die ihre Vorlieben besonders harmonisch miteinander teilen können, und sieben ist eine stabile Zahl, aber auch sechs oder neun. Allein werdet ihr uns allerdings selten antreffen ...

Unsere Schwingungsfrequenz gleicht sich immer mehr an. Starke Ausbrüche aus der Gruppe hin zu völlig individuellem Handeln, wie bei Amokläufern, Massenmördern oder Superstars, wie ihr sie kennt, kommen bei uns nicht mehr vor. Bei uns herrscht eine angeglichene Schwingung vor, was auch eine Harmonisierung und Angleichung der Charaktere nach sich zieht.

Aber glaubt bloß nicht, dass wir deshalb langweilig sind oder alle gleich. Wir haben noch unsere Meinungsverschiedenheiten, nur eher in den Feinheiten. Über die grundsätzlichen Ziele und Werte sind wir uns einig. Uneinigkeit besteht vielleicht noch in der Art und Weise der jeweiligen Umsetzung von Wegen.

Hört sich ganz entspannt an.

Das ist es auch. Wir sind uns gegenseitig niemals böse, weil jeder von uns weiß, dass auch der andere das gleiche Ziel hat und ebenso davon überzeugt ist, dass sein Weg der beste ist.

Gilt das auch für eure Betreuung von uns Menschen?

Ja.

Das verunsichert mich aber jetzt. Es ist ja gut und schön zu wissen, dass ihr euch darin einig seid, dass ihr uns beim Dimensionswechsel unterstützen wollt. Aber was ist, wenn ihr euch für den falschen Weg entscheidet?

Das kann nicht passieren.

Wieso nicht?

Unsere Arbeit hier auf dem Planeten wird beobachtet und gelenkt. Wir bekommen Unterstützung von höheren Dimensionen. Man lässt uns die Freiheit, eigene Wege zu finden. Sollten wir ungünstige Verfahren aussuchen, würden wir daran gehindert werden.

Das kommt aber nicht vor, weil wir bereits bei der Planung Unterstützung bekommen.

Puuh, das beruhigt mich. – Was habt ihr denn für einen Plan für uns?

Unsere Aufgabe besteht darin, durch Verteilen von Klängen und Kristallen die Energie eures schönen Planeten anzuheben, so dass es euch leichter fällt, in die harmonischere Schwingung der nächsten Dimension zu gelangen.

Dann ist ja so ein Dialog zwischen uns eigentlich gar nicht nötig, oder?

Wir möchten uns mitteilen, damit ihr ein Bewusstsein dafür entwickelt. Wenn es in eurem Bewusstsein ist, kann es noch leichter von euch wahrgenommen werden. Wenn ihr wisst, dass Kristalle und Töne in der Erde verankert sind, die euch in eine leichtere Schwingung bringen, könnt ihr euch wesentlich leichter auf diese Schwingung einstimmen und sie empfangen, als wenn ihr dies nicht wüsstet.

Das verstehe ich. – Jetzt empfinde ich gerade diese Harmonie, kann ja auch eingebildet sein, aber es fühlt sich sehr leicht und frei an. Und wisst ihr, ich finde das alles wirklich enorm spannend.

Trotzdem brauche ich erst einmal eine Pause. Bestimmt habe ich später noch einige Fragen an euch.

Wir freuen uns schon.

Ich auch!

*H*allo, ihr Lieben!

Hallo, wir haben schon auf dich gewartet und freuen uns, dass du Zeit für uns findest.

Ihr habt heute auf mich gewartet? Eigentlich hätte ich gar keine Zeit gehabt.

Aber wie durch ein Wunder hast du sie nun doch?

Ja. Es läuft alles richtig gut, ich konnte einiges delegieren. Irgendwie erstaunlich ...

Wir freuen uns. Dann stell uns nun deine Fragen.

Ihr habt gesagt, ihr hättet die Aufgabe, durch Verteilen von Klängen und Kristallen die Energie der Erde anzuheben, damit es uns Menschen leichter fällt, in die wundervoll harmonische Schwingung der fünften Dimension zu gelangen.

Richtig. Damit ihr neue Erfahrungen machen könnt, ist es notwendig, dass die Energie der Erde erhöht wird. Einen großen Anteil daran haben die Kristalle und Klänge, die wir in die Erde integrieren.

Aber es ist doch auch jetzt schon möglich, sich auf eine höhere Schwingung einzustimmen?

Es sind ja auch schon sehr viele Kristalle in der Erde verankert. Aber wir wissen, was du meinst, und du hast Recht. Es war den Menschen zu allen Zeiten möglich, sich auf höhere Dimensionen einzuschwingen.

Eure Wahrnehmung ist abhängig von der Dichte der Erdmagnetfelder. Deshalb bauten frühere menschliche Kulturen Resonanzkammern und Einweihungstempel, in denen der Erdmagnetismus künstlich abgeschwächt wurde. So konnten sich die Heiler und Weisen in früherer Zeit leichter auf höhere Dimensionen einschwingen.

Ja, das habe ich schon mal gehört. Zum Beispiel die Cheops-Pyramide.

Das ist ein gutes Beispiel. Im Sarkophag dieser Pyramide ist der Erdmagnetismus fast gleich null. Dies liegt an der

Architektur der Pyramide. Die meisten früheren Kulturen haben ihre Heilungskammern auf den Gitternetzlinien des erdmagnetischen Feldes platziert. Oftmals sogar an den Knotenpunkten der Gitternetzlinien. Hier ist der Magnetismus geringer als an den anderen Orten der Erde. Einige dieser Tempel sind bis in die heutige Zeit erhalten. Zum Beispiel Machu Picchu, Stonehenge und Zaghouan.

Ähm, okay, ich kenne nur Stonehenge.

Auch eure Politiker und Mächtigen wissen um die besondere Kraft dieser Orte.

Frau Merkel geht in Einweihungstempel?

[Gelächter] Nein. Wir meinen damit, dass sich die meisten Militärstützpunkte der USA und Russlands weltweit fast immer auf einem Knotenpunkt der Gitternetzlinien befinden.

Wirklich? Aber wieso? Die wollen doch bestimmt keine Erleuchtung erreichen, oder?

Das Militär hat versucht, durch die Kraft der besonderen geophysikalischen Verhältnisse, die dort herrschen, eure Gedanken und Stimmungen zu kontrollieren.

Geht das einfach so?

Nein, für eine Gedankenkontrolle der Menschen ist mehr nötig als ein gut gewählter Ort. Aber dadurch, dass an diesen Stätten das Militär ansässig ist, wurde verhindert, dass dort Einweihungstempel errichtet wurden.

Das leuchtet mir ein. Nur kapiere ich irgendwie noch nicht so ganz, was an den Gitternetzlinien und -knotenpunkten so besonders ist. Ich habe verstanden, dass dort der Erdmagnetismus geringer und deshalb eine höhere Wahrnehmung möglich ist.

Ist das schon alles?

Entlang der Gitternetze des Erdmagnetfeldes gibt es an sehr vielen Stellen sogenannte Korridore. Hier ist es jemandem, der in der dritten Dimension lebt, möglich, Aspekte der fünften Dimension wahrzunehmen. Er muss dafür nicht in der höheren Dimension sein, sondern ist an diesem Ort so dicht dran, dass er die höheren Energien mühelos und zweifelsfrei wahrnehmen kann.

Warum ist das so? Wieso gibt es diese Korridore?

Rein physikalisch ist überall dort, wo der Erdmagnetismus geringer ist – also zum Beispiel an den Gitternetzlinien –, die Erdresonanzfrequenz erhöht. Und wenn sich ein Mensch in einem erhöhten Frequenzbereich aufhält, strebt jede seiner Zellen danach, sich dieser erhöhten Frequenz anzupassen.

Dies kann durchaus einen Sprung in eine neue Bewusst-
seinsebene bedeuten.

Wo sind denn die Gitternetzlinien, von denen ihr sprecht? Könnte es nicht theoretisch sein, dass man mitten in einem solchen Korridor wohnt?

Die Gitternetzlinien sind nicht statisch. Durch die Erdro-
tation verschieben sich die Energiefelder langsam in Rich-
tung Westen. Alle 2.000 Jahre hat das Feld die Erde sogar
einmal komplett umrundet.

Dann lasst mich mal kurz rechnen. Einmal um den Äquator sind 40.000 Kilometer. Ungefähr. 40.000 Kilometer in 2.000 Jahren, das macht zwanzig Kilometer pro Jahr. Also um zwanzig Kilometer pro Jahr verschieben sich die Gitternetzlinien der Erde nach Westen.

Aber wir befinden uns ja nicht am Äquator. Bei uns sind es also weniger Kilometer. Europa liegt ungefähr auf dem fünfzigsten Breitengrad, der Äquator auf dem nullten, der Nordpol bei neunzig Grad. Nach Adam Riese verschiebt sich dieses Feld also grob geschätzt um weniger als zehn Kilometer pro Jahr.

Dann ergeben die doch gar keinen Sinn, diese Tempelbauten. Das ist ja pro Monat fast ein Kilometer ... oder anders gesagt: dreißig Meter am Tag. Bevor der erste Stein gesetzt ist, schwupp, ist das Gitternetz doch schon längst wieder weg. – Das müsst ihr mir jetzt aber mal erklären!

Wir haben es wohl nicht gut genug differenziert. In früheren Zeiten der Erde, zum Beispiel zu Zeiten von Atlantis und Lemurien, war die Erde von einem energetischen Gitternetz umgeben. Würde man dieses Netz zeichnen, so erhielte man ziemlich genau die Form der Blume des Lebens.

Ja, die Blume des Lebens kenne ich. Ich verkaufe sie ganz oft als Aufkleber oder Kettenanhänger.

Die Wahrheit ist, dass ihr die Blume des Lebens dreidimensional zu betrachten habt ... eigentlich sogar mehrdimensional, aber das könnt ihr euch überhaupt noch nicht vorstellen.

Also dreidimensional. Wie ein Ball?

Richtig. Das so aufgebaute Gitternetz zog sich über und durch die gesamte Erde. Diese Form der Blume des Lebens war die Matrix sämtlicher Materie, sie enthielt euer gesamtes Zellgedächtnis. So erklärt sich auch, warum das Gedächtnis der Atlanter transpersonal war.

Ihr meint, so wie bei den australischen Aborigines? Woran sich einer erinnert, daran können sich auch alle anderen erinnern?

Genau. Deshalb war es auch nicht notwendig, etwas schriftlich festzuhalten. Eure Schrift wurde erst erfunden, als mit dem Untergang von Atlantis das Gitternetz zerstört wurde.

Dieses Gitternetz war ein Informationssystem der Akasha, es enthielt sämtliche Aufzeichnungen der Vergangenheit, der Gegenwart und der Zukunft.

Aha, ich verstehe. Atlantis untergegangen, Matrix beziehungsweise Gitternetz kaputt. Aber diese ganzen Einweihungstempel und erst recht die Militärstützpunkte, die sind doch viel später entstanden, angeblich auf Gitternetzlinien. Welchen Sinn sollte das gehabt haben, wenn das Gitter kaputt war?

Zu allen Zeiten hat es Menschen auf der Erde gegeben, die sich mit dem Konzept der Dimensionen auskannten und sich mit höheren Frequenzen verbinden konnten. Das ist grundsätzlich immer möglich ...

Obwohl es heilige Stätten auf der Erde gibt, wo es euch leichter fällt, euch mit einer höheren Dimension zu verbinden, könnt ihr euch im Grunde jederzeit und überall auf die fünfte Dimension einschwingen.

Verstehst du? Ohne heiligen Ort. Ihr müsst dazu auch nicht erst auf den allgemeinen Aufstieg warten.

44

Ja, das wissen die meisten von uns schon. Aber das Gitter war doch trotzdem kaputt, und die Gebäude sind dennoch entstanden.

Die Weisen unter euch haben eine Art innere Verbundenheit. Sie konnten sich auch damals auf diese heilige Schwingung einstimmen, die unabhängig auf der Erde existiert. Sie wurden an verschiedenen Orten dazu geführt, diese Tempel und Stätten zu errichten. Einige Tempel wurden mit Hilfe von Wesen aus höheren Dimensionen erbaut, beispielsweise Stonehenge. Wesen der siebten Dimension brauchen lediglich zu denken, dass Steine in einer bestimmten Form angelegt sind, und schon folgt die Materie dieser Vorstellung.

Oh, das erklärt einiges. – Das möchte ich auch können. Ich weiß, dass ich noch nicht so weit bin, weil mir die Arcturianer bereits erklärt haben, dass ich erst meine Gedanken kontrollieren können muss, weil ich sonst ein ganz schönes Chaos errichten würde ...
Aber schön wär's doch!

Ihr kommt immer mehr in eure Schöpferkraft, du kannst dich schon darauf freuen.
Aber dann weißt du ja auch: Das bedeutet gleichzeitig, dass du immer mehr darauf achten musst, nur noch das zu denken, was du wahrhaftig erleben willst. Es wird ebenso wahr wie alles andere emotional Dahingedachte.

Ja, das weiß ich nur zu gut. Wie ist es denn jetzt mit den Tempeln weitergegangen?

Die Tempel wurden errichtet. Auf der ganzen Erde. Leider sind nicht mehr alle dieser heiligen Stätten erhalten. Wären sie es, könntet ihr diese Orte auf einem Globus markieren und mit Linien verbinden. Ihr würdet dann feststellen, dass ihr genau das Muster der Blume des Lebens erhaltet. Aber nur in der Theorie. Tatsächlich gab es nie ein vollständiges Gitternetz.

Echt? Die Menschen und höheren Wesen haben durch das Errichten dieser Tempelanlagen ein künstliches Gitternetz erschaffen?

Echt! Die Orte befanden sich im passenden Abstand zueinander, so dass sich die Energien verbinden konnten und folglich ein einheitliches Netz entstand.
Zumindest war es so geplant.

Und was ist mit den Ozeanen? Da sind ja keine Tempel.

Selbst unter Wasser wurden Orte geschaffen, die der Frequenz der heiligen Stätten entsprach. Es gibt noch heute Ansammlungen von Kristallen unter den Meeren und unter der Erde, die für das damalige Gitternetz genutzt wurden und auch für das neue Gitternetz, an dem wir »mitgebaut« haben, wichtig waren.

Was denn jetzt für ein neues Gitternetz?

Das alte Netz war zerstört, genau genommen, hat es nie vollständig existiert. Es war aber noch genug davon vorhanden, um an bestimmten Orten die heilige Energie wahrnehmen zu können. Allerdings hat es nie die gesamte Erde umschlossen. Immer wieder wurden solche Orte, an denen die heilige Energie sich wahrnehmen ließ, zerstört oder durch Militäranlagen »fremdbesetzt« – und einige, die eigentlich vorgesehen waren, wurden damals aus Mangel an Bewusstsein gar nicht erst errichtet.

Wir haben das nachgeholt und mit Hilfe von uns nahestehenden höheren Wesen ein Gitternetz erschaffen, das seit Mitte der Neunzigerjahre vollständig die Erde umschließt. Dieses Gitternetz befindet sich in der fünften Dimension. Und es ist die Voraussetzung für den Aufstieg.

Wie habt ihr das gemacht?

Wir haben Kristalle in die Erde integriert. An allen dafür notwendigen Orten der Erde.

Dann seid ihr nun ja fertig mit eurer Arbeit, oder?

Eigentlich fing die Arbeit damit erst richtig an. Unsere Aufgabe ist es jetzt, die Kristalle mit Informationen aufzuladen, damit sie diese an ihre Umgebung abgeben können.

Ach, deshalb immer wieder die Klänge.

Du hast es gut verstanden. Wir benutzen die Klänge, um die Kristalle in der Erde aufzuladen.

Mir schwirrt der Kopf. Kann ich noch mal eine Erklärung für Dummis bekommen? So etwas wie ein ABC für Erstklässler?

Sehr gern, deshalb sind wir hier. Das Gitternetz, das wir erschaffen haben, ist energetisch in der fünften Dimension angesiedelt. Eine Dimension unterscheidet sich von einer anderen einzig und allein durch ihre Wellenlänge, also ihre Frequenz, darin, wie schnell sie schwingt. Es ist wie bei euren Radios. Jeder Sender schwingt in einer anderen Frequenz. Ihr könnt eure Radios im Empfang so einstellen, dass sie in der gleichen Frequenz wie ein bestimmter Sender schwingen, dann könnt ihr diesen Sender hören. Wenn ihr euer Radio auf Sender A einstellt, könnt ihr Sender B nicht empfangen. Wir haben das Gitternetz der Erde in der Frequenz der fünften Dimension erschaffen.

Okay, bisher verstehe ich alles.

Aber Energie ist nicht gleich Information. Ihr habt euer Radio zwar auf Sender A eingestellt, aber wenn der Sender nichts sendet, könnt ihr nichts hören.

Verstehst du? Es kommt keine Information bei euch an. Und jetzt kommen wir ins Spiel. Wir bringen auf den Sender die Information auf – das heißt, wir versehen die Kristalle in der Erde mit Klängen.

Radio Hathor. Hahahaha. Das habt ihr jetzt aber richtig gut erklärt. Danke.

Nur: Was ist denn nun mit der Verschieberei, diesen 40.000 Kilometern in 2.000 Jahren? Ihr könnt mir doch nicht erzählen, dass ihr die Kristalle jeden Tag ausbuddelt und dreißig Meter weiter wieder einbuddelt?

[Gelächter] Nein, das machen wir natürlich nicht. Das Gitternetz der Informationen ist unabhängig vom Magnetfeld der Erde.

Dann erklärt mir mal das mit dem Magnetfeld der Erde.

Gut, nun kommt also etwas Physik. Weißt du, woraus der Erdkern besteht?

Aus Eisen.

Genau. Es gibt einen inneren Erdkern und einen äußeren Erdkern. Der innere ist fest, der äußere ist flüssig. Beide bestehen vorwiegend aus Eisen. Kannst du dich noch an deine Schulstunden über Magnetismus erinnern?

Kann ich komischerweise noch. Was wollt ihr wissen?

Weißt du noch, wie ihr Magnetfelder selbst erzeugt habt?

Ja. Ich habe zwar nie verstanden, warum das so ist, aber ich weiß noch, wie wir es gemacht haben. Wir hatten Eisenstäbe, und um die Eisenstäbe herum haben wir Drähte gewickelt. Dann haben wir Strom durch die Drähte fließen lassen – auch wenn wir nie sagen durften, dass Strom fließt, weil Strom schon fließende Elektronen bedeutet, aber ich sage es trotzdem.

Und auf einmal war aus dem Eisenstab ein Magnet geworden. Mit Pluspol und Minuspol.

Schön, dass du das noch weißt. Und jetzt übertrage das Experiment auf die Erde.

Ähem, der Erdkern besteht aus Eisen. Wenn wir um die Erde Drähte wickeln und Strom durchfließen lassen, erhalten wir einen Nord- und einen Südpol. Aber wir haben schon einen Nord- und einen Südpol.

Also?

Also existieren schon Drähte, die um den Erdkern gewickelt sind und durch die Strom fließt.

Gut mitgedacht. Nur, dass keine Drähte um euren Erdkern gewickelt sind. Diese Aufgabe übernimmt der flüssige Erdkern, der ja auch aus Eisen besteht. Durch die Erdrotation entstehen Strömungen. So hat die Erde durch den Erdkern und die Erdrotation ihren eigenen Magnetismus aufgebaut.

Wofür brauchen wir eigentlich Magnetismus auf der Erde? Ich meine, außer dafür, dass die Tür meines Spiegelschränkchens durch Magnete schließt und meine Büroklammern dank eines Magneten schön ordentlich beieinander liegen.

Ohne den Erdmagnetismus würde euer Gehirn nicht funktionieren. Alle Lebewesen haben die Fähigkeit, sich auf das Erdmagnetfeld einzustellen. In euren Gehirnen befinden sich unzählige kleinste magnetische Teilchen. Dies ermöglicht es euren Tieren, sich zu orientieren, und so können einige Tiere zum Beispiel Erdbeben vorausahnen.

Ich habe nun eine Million Fragen.

Dann fang mal an.

Okay. Am Anfang habt ihr gesagt, dass das Erdmagnetfeld in 2.000 Jahren einmal um die Erde wandert. Wie ist das gemeint?

Durch die Rotation der Erde wandern die Felder der Erde langsam nach Westen. Nach etwa 2.000 Jahren ist das Magnetfeld wieder am Ausgangspunkt. Die Magnetfelder sind jedoch nicht gleich stark. Vielleicht erinnerst du dich an deinen Physikunterricht.

Ja, daran kann ich mich erinnern. Wir haben ein Blatt Papier auf einen Magneten gelegt und Eisensplitter auf das Papier gestreut. Die Splitter haben sich in einer bestimmten Form um den Magneten herum gruppiert. An manchen Stellen waren sie ganz dicht am Magneten, an anderen Stellen waren sie weiter vom Magneten entfernt. Dennoch wurden sie alle – jeder einzelne Splitter – vom Magneten angezogen.

Prima. Genau so ist es auch mit der Erde. An manchen Stellen ist der Magnetismus stärker, an anderen schwächer. Dennoch ist die Anziehung an allen Orten vorhanden. Hättet ihr eure Magnete damals gedreht, hätten sich auch die Magnetfelder verschoben. Die Erde dreht sich, und somit verschieben sich auch die Magnetfelder.

Verstanden. Hat das Auswirkungen?

Allerdings. Dadurch, dass die Felder sich verschieben, bekommt in 2.000 Jahren jeder Kontinent die Möglichkeit, alle Aspekte der Erdanziehung kennenzulernen. Gegenden, in denen lange Zeit ein hoher Magnetismus herrscht, sind sehr stabil. Das bedeutet, es gibt kaum Veränderungen. Das betrifft sowohl die Politik, die innere Haltung der Bewohner, die Mode, Technologien und alles Mögliche andere.

Folglich sind Orte, an denen lange Zeit ein geringerer Magnetismus herrscht, instabil?

Genau so ist es.

Dann kann man ja auch gut erklären, warum es solche starken Veränderungen gibt. Ich meine ... Nehmen wir nur das Mittelalter hier in Europa. Da ist ja eigentlich 1.000 Jahre lange nicht wirklich etwas passiert. Keine großen Neuerungen oder so. Und nun befinden wir uns gerade in einer sehr innovativen Zeit mit wechselnden Moden, ständig neuen Technologien und auch mit veränderbaren inneren Haltungen.

Das hast du gut beschrieben.

Dann habe ich jetzt Mitleid mit denen, die an ihrem System festhalten müssen, weil es erdmagnettechnisch gar nicht anders geht.

Es gibt bei solchen Überlegungen noch eine weitere Komponente, die ihr beachten solltet.

Welche denn?

Der Erdmagnetismus wird nach und nach geringer. Heute ist das magnetische Feld bereits vierzig Prozent schwächer als zur Geburt Christi.

Oh, das ist eine Menge. Bedeutet das, dass auch die starren Regionen variabler werden? Aber was ist dann mit den Regionen, die vorher schon offen für Veränderungen waren? Erleben die nun das völlige Chaos?

Schau dich um auf der Erde.

Ach so. Das ganze Chaos liegt am schwachen Magnetismus. O Mann. Kann man ihn denn nicht wieder verstärken? Ihr seid doch mächtige Außerirdische. Ihr könnt das doch mal für uns machen, oder?

Wir helfen euch, aber anders, als du es dir gerade vorstellst.

Wie denn?

Hast du schon mal davon gehört, dass die Erde sich immer langsamer dreht?

Klar, das ist doch in aller Munde. Es kommt auch immer wieder einmal in den Nachrichten. Es mussten sogar schon ein paar Mal die Atomuhren nachgestellt werden, weil durch die langsamere Erddrehung die Tage länger wurden. Ich habe auch schon gehört, dass Flughäfen für einen Tag ihren Betrieb eingestellt haben, weil die Landebahnen ihre Leitsysteme neu kalibrieren mussten.

Kannst du dir vorstellen, wie die Entwicklung weitergeht, wenn die Erde sich immer langsamer dreht?

Also, wenn ich mich früher mit der Schaukel eingedreht habe, habe ich mich erst ganz schnell gedreht. Je stärker ich eingedreht war, desto langsamer wurde ich. Dann gab es einen kurzen Moment des Stillstands, und dann habe ich mich wieder ausgedreht.
Mit zunehmender Geschwindigkeit.

Eben.

Eben? Die Erde kommt zum Stillstand und nimmt dann wieder an Fahrt auf? In die andere Richtung???

So ist es.

Moment. Moment. Moment. Ich habe ja noch gar nicht meine eine Million Fragen gestellt, und nun habe ich schon wieder eine Million neuer Fragen. Also, jetzt mal gaaaaanz langsam.

Was ich verstanden habe, ist Folgendes: Die Erde dreht sich immer langsamer. Das wird ja sogar schon in der *Tagesschau* erzählt. Gut, kann ich mit leben. Ist mir im Grunde sogar egal. Das Erdmagnetfeld wird geringer. Wir haben heute vierzig Prozent weniger als vor 2.000 Jahren. Kann ich auch mit leben. Ich war ja vor damals nicht dabei. Jedenfalls nicht bewusst.

Erste Frage: Gibt es einen Zusammenhang zwischen der Rotation und dem Magnetfeld? Wird das Magnetfeld nun auch immer schwächer, bis die Erde zum Stillstand kommt? Und wenn ja: Was passiert, wenn es bei null angelangt ist? Herrscht dann das absolute Megachaos auf der Erde?

Du hast es sehr gut hergeleitet. Das Erdmagnetfeld wird schwächer, je langsamer sich die Erde dreht. Dabei schwappt der flüssige Teil des Erdkerns ein bisschen hin und her, so ähnlich, wie wenn ihr eine Tasse Tee transportiert und plötzlich stehen bleibt, dann schwappt der Tee auch hin und her. Da das Magnetfeld an den Erdkern gebunden ist, wird also beim Verlangsamen der Erdrotation das Magnetfeld etwas instabil. Um im Bild zu bleiben, geschieht genau das: Das Magnetfeld »schwappt« sozusagen hin und her. Deshalb erlebt ihr diese Wetterkapriolen, die ihr in der Häufigkeit bisher nicht gekannt habt.

Wenn das Magnetfeld schwächer wird, verschieben sich aber auch die Magnetlinien. Ihr kennt das von Voll-

mondnächten. In diesen Nächten ist der Magnetismus der Erde geringer, und die Magnetlinien können sich verschieben. Einige Menschen reagieren sehr sensibel darauf. Da nun durch die langsamere Erddrehung die Linien dauerhaft instabiler werden, fehlt einigen Tieren die Orientierung. Vögel fliegen an die falschen Orte, und Wale stranden an Orten, an denen sie eigentlich das Meer vermuten.

Auch euer Bewusstsein ist abhängig vom Erdmagnetfeld. Je schwächer das Feld ist, in dem ihr euch aufhaltet, desto höher kann euer Bewusstsein aufsteigen.

Das ist ja super.

Ja, generell ist es das. Es stellt euch jedoch vor eine enorme Aufgabe.

Und die wäre?

Ein starkes Magnetfeld, so wie ihr es aus eurer Vergangenheit kennt, bildet eine Pufferzone zwischen euren Gedanken und deren Manifestation. Wenn nun die Pufferzone, also das Erdmagnetfeld, geringer wird, dann manifestieren sich eure Gedanken immer schneller.

Unglaublich! Es läuft immer wieder auf dieses Thema hinaus. Wir sind Götter. Wir sind die Schöpfer unserer

Realität. Ich finde das einfach super. Ich freue mich darauf. Und ich übe mich auch darin, nur noch das zu denken, was ich erschaffen will.

Gelingt es dir denn?

Nein, noch nicht ganz. Aber immer öfter. Was ist mit den Menschen, die das nicht wissen? Ich meine ... Die merken das ja dann auch irgendwann, dass sie genau das erleben, was sie denken. Gibt es nicht vielleicht eine Art Gedächtnisverlust für Nichtwisser, eine Amnestie?

Nun ja, gewissermaßen. Durch den geringeren Erdmagnetismus werden auch die Informationsstrukturen eures Gehirns instabil, sofern sie ganz in Resonanz mit der alten Energie stehen.

Ihr meint, die Häufung von Demenzerkrankungen ist so eine Art Amnestie? Besser, die Leute vergessen alles, als dass sie sich mit der alten Energie lauter Mist erschaffen?

So ähnlich kannst du es dir vorstellen, ja.

Also lautet die Aufgabe, sich mit den neuen Energien in Verbindung zu setzen, damit man sein Gedächtnis nicht verliert?

Genau.

Wie machen wir das am besten?

Ihr macht es gerade – und obendrein sehr gut. Ihr beschäftigt euch mit eurer Schöpferkraft. Damit schwingt ihr euch auf diese Energien ein.

Na super, dann brauchen wir doch überhaupt nichts Neues zu lernen? Wir machen das schon alles ganz richtig?

Mit dem Lernprozess der Schöpferkraft werdet ihr einige zehntausend Jahre beschäftigt sein.

Dachte ich's mir doch. – Okay, also ein schwächer werdendes Magnetfeld bringt uns Chaos und Gedächtnisverlust oder auch ein höheres Bewusstsein und größere Schöpferkraft, je nachdem, auf welche Energie wir uns einschwingen. Gut, das habe ich verstanden.
  Aber was ist, wenn die Erde zum Stillstand kommt? Falls ihr mich jetzt fragt, was denn beim Eindrehen mit der Schaukel passiert ist: Ich glaube, ich war kurz an so einer Art Nullpunkt angelangt. Die eine Drehrichtung hatte aufgehört, die neue noch nicht begonnen. Vielleicht war es eine Art Sekunden-Gedächtnisverlust, auf jeden Fall immer irgendwie ein komisches Gefühl,

so zwischen den Welten zu hängen. Etwas irreal. Aber eigentlich auch viel zu kurz, als dass ich es jetzt genauer beschreiben könnte.

Jetzt stellst du dir schon selbst unsere Fragen.

Ja, ich schwinge mich auf euch ein. Hihihi.

Du hast mit deinem Schaukel-Beispiel schon viel verstanden und erklärt. In der Zeit des scheinbaren Stillstands wird die Erde neu justiert. Die Strukturen eures Planeten werden an die Frequenz der neuen Energie angepasst.

Wie lange dauert denn der Stillstand der Erde? Ist es das, was im Maya-Kalender mit drei Tagen Dunkelheit beschrieben wird?

Der gesamte Prozess dauert etwa dreieinhalb Tage. Was die Dunkelheit betrifft, begeht ihr alle einen Denkfehler.

Welchen denn?

Wenn die Erde stillsteht, ist es auf der einen Hälfte der Erde dunkel. Und auf der anderen Hälfte der Erde, wie ist es da?

Hell? Könnte das bedeuten, dass die drei Tage Dunkelheit auch dreieinhalb Tage und Nächte Sonne bedeuten?

Könnte es sein, dass ich über achtzig Stunden am Stück im Bikini am Baggersee liegen kann?

Eher nur in der Theorie.

Mist. Warum nur in der Theorie?

Wo ihr euch aufhaltet, ist im Grunde genommen egal. Es ist sogar egal, ob ihr dabei Sonne oder Dunkelheit erlebt.

Wieso das denn schon wieder?

Wenn die Erde sich gänzlich nicht mehr dreht, sackt das Bewusstsein auf der Erde zusammen. Ihr befindet euch dann in der absoluten Leere.

Oh, das ist ja wie tot. Wenn ein Bewusstsein einen Körper verlässt, ist das doch der Anfang vom Tod. Oder zumindest ein Koma.

Das ist einer der Gründe, warum wir das neue Gitternetz errichtet haben. Durch dieses Netz ist es möglich, dass ihr euer Gedächtnis weder vollständig noch nachhaltig verliert.

Besten Dank. Das wäre ja etwas. Ein Planet voller Zombies. Brrrr.

Achte auf deine Gedanken und Worte.

Entschuldigung. Danke, dass ihr dieses Netz für uns gebaut habt. Jetzt müsst ihr es nur noch mit Information, also Klängen, aufladen, stimmt's?

Du hast es perfekt begriffen.

Ja, ich bin super.

Und du hast Humor.

Immerhin ... Und nach dem Stillstand dreht sich die Schaukel wieder aus? In die Gegenrichtung? Das heißt, die Erde dreht sich dann anders herum?

Genau so ist es.

Und die Sonne geht dann im Westen auf?

Genau.

Ich wollte ja eigentlich umziehen, weil nicht so viel Sonne auf meine Terrasse und in meinen Garten scheint. Wenn die Sonne nun auf der anderen Seite aufgeht, nee, dann steht ja gleich das ganze Haus im Weg. Könnte die Erde sich nicht noch ein bisschen neigen, damit die Sonne senkrecht in meinen Garten scheint?

Wenn du lange genug wartest, wirst du genug Licht im Garten und auf deiner Terrasse haben.

Wie lange? Und was ist die Lösung?

Lange. Die Lösung ist eine zweite Sonne.

Ach du meine Güte. Wo soll die denn auf einmal herkommen?

Was ist die Sonne?

Ein brennendes Gasgemisch, das sich zu Materie verdichtet hat. Oder so ähnlich.

Sehr gut. Ein brennendes Gasgemisch kann auch anders entstehen.

Was soll das denn heißen? Ein Planet fängt Feuer?

Gut geraten. Welche Planeten kreisen denn um die Erde?

Wüsste ich auch gern. Moment, ich überlege mal. – Heh, das ist eine Fangfrage. Alle Planeten kreisen um die Sonne. Aber manche Planeten haben Monde, die um sie herum kreisen.

Du passt gut auf. Also?

Ach soooooo!!!! Jetzt verstehe ich es. Nicht eine Sonne, die um die Erde kreist, sondern eine zweite Sonne, um welche die Erde auch kreist. Alle Wetter, wie geht das denn? Fliegen wir dann eine Acht?

Du passt sehr gut auf. Es wird eine zweite Sonne geben, um die eure schöne Erde kreisen wird. Die Umlaufbahn wird sich etwas ändern.

Aber dann kann es ja trotzdem noch dunkel sein auf der Erde. Wenn man gerade am äußersten Ende steht, ist es dort trotzdem dunkel.

Das stimmt. Aber die Zeiten, in denen wenigstens eine Sonne auf euren Wohnort scheint, werden wesentlich häufiger.

Mannomann. Da kommt ja echt einiges auf uns zu. Habt ihr noch mehr solcher Hammermeldungen?

Ja.

Ja?! Welche?

Es wird auch zwei Monde geben.

Zwei Sonnen. Zwei Monde. Pffft. Warum das nun schon wieder?

Darüber solltet ihr euch freuen. Planeten, um die nur ein Mond kreist, leiden an Instabilität. Das zeichnet sich aus durch Erdbeben, Vulkanausbrüche und andere unbeständige klimatische Bedingungen. Zwei Monde sorgen für ausgeglichenere Verhältnisse auf eurer schönen Erde.

Jetzt müssen wir das alles nur noch glauben.

Ihr dürft glauben, was ihr wollt. Wir bitten euch lediglich, auf eure Worte und Gedanken zu achten, damit ihr erschafft, was euch angenehm ist.

Und wenn keiner von uns an zwei Sonnen und zwei Monde glaubt?

Zu spät. Es glauben bereits einige eurer Wissenschaftler daran, und die meisten von euch glauben diesbezüglich gar nichts, weil sie nicht wissen, dass es diese mögliche Wahrheit gibt. Außerdem glauben noch viele höhere Wesen daran, also: Pech gehabt!

Na klasse. Ab wann habe ich dann immer Sonne auf der Terrasse?

Es könnte länger dauern, als du in dieser Form auf dem Planeten weilst. Die Zeiten, in denen das geschehen wird, sind noch nicht festgelegt.

Also nur ein leeres Versprechen. Und außerdem gibt es trotzdem noch Zeiten mit Dunkelheit. Irgendwie kommt mir das alles etwas komisch vor.

Erst hört die Erde auf, sich zu drehen, dann dreht sie sich anders herum. Ach ja, sind dann nicht der Nordpol und der Südpol vertauscht?

Richtig. Sobald die Erde sich in die andere Richtung zu drehen beginnt, haben der Nordpol und der Südpol ihre Polung getauscht. Es ist gleichzeitig der Beginn eines neuen Bewusstseins auf der Erde. Eure Wissenschaftler nennen eine solche Umpolung Polsprung. Es hat diesen Prozess auf der Erde schon einige Male gegeben, die Abstände wurden jedoch immer geringer.

Nun ja, wenn ich mich mit der Schaukel eingedreht hatte, habe ich mich danach auch immer gern ein paar Mal in jede Richtung gedreht, und die Abstände wurden dabei immer kürzer. Passiert denn wirklich bei jedem Polsprung ein Dimensionswechsel? Dann hätten wir ja bei unter Null anfangen müssen.

Die Kombination aus Polsprung und Dimensionswechsel ge-schieht zum ersten Mal auf der Erde. Das ist der eigentliche Grund, warum dieser Dimensionswechsel so eine Sensation in der Galaxis ist.

Gut, ich lasse das jetzt einfach mal so stehen. Es klingt nicht ganz unwahrscheinlich, aber die Vorstellung ist schon ein wenig spooky. Jetzt brauche ich aber wirklich erst einmal eine Pause. Bis bald.

Bis bald, Freundin.

Freunde ...

Habt ihr mich schon vermisst, Freunde? Hoffentlich nicht. Ich habe mich echt beeilt, so schnell wie möglich wieder bei euch zu sein!

Das ging ja diesmal auch flott. Wir freuen uns.

Nun ja, ich habe das Gefühl, das Buch will fertig werden, und ich komme ja eigentlich nur am Wochenende dazu, in Ruhe mit euch zu sprechen. Wisst ihr, dass ich Verabredungen absage, nur, um endlich mit euch weiterreden zu können?

Wir wissen das, und wir freuen uns darüber. Du machst es so genau richtig. Die Zeiten, in denen du ernten wirst und in denen du Zeit hast für viele andere Pläne und Wünsche, werden kommen.

Euer Wort in Gottes Gehörgang. Ach so, ähem ... Das Wort Gott existiert bei euch ja wahrscheinlich gar nicht mehr, oder?

Richtig. Aber wir wissen, dass ihr die allgemeine Schöpferkraft meint, von der auch ihr ein Teil seid.

Okay. Ich möchte nun etwas über die Klänge wissen, die ihr in die Kristalle hineingebt, wenn ich das richtig verstanden habe.

Sehr gern. Am besten fangen wir bei den Kristallen an, dann ist der Rest ganz leicht zu verstehen.

Wie ihr meint. Also, was habt ihr Tolles über die Kristalle zu berichten? Oder soll ich einfach mal anfangen, aufzuzählen, was ich bisher verstanden habe? Dann könnt ihr euch vielleicht einen Teil der Ausführungen ersparen. Wäre doch praktisch.

Ein schöner Vorschlag. Also, was hast du bisher über unsere Kristallarbeit verstanden?

Ihr habt bereits an verschiedenen Punkten der Erde Kristalle eingebracht. Wenn man die Kristalle verbindet, erhält man ein Gitternetz. Dieses Gitternetz erfüllt hauptsächlich zwei Funktionen. Erstens: Wenn die

Erde still steht, verhindern die Klänge, die noch auf die Kristalle draufgelagert werden, dass unser Gedächtnis endgültig absackt, und zweitens ist das Gitternetz eines der höheren Dimension; es stabilisiert die fünfte Dimension, damit uns der Aufstieg und das Bleiben in der neuen Dimension leichter fallen.

Ist das so richtig?

Du hast es sehr gut verstanden.

Wieso nehmt ihr dafür eigentlich Kristalle?

Du kennst wahrscheinlich die Versuche, bei denen Informationen in Wasser gegeben werden?

Ja klar, Masaru Emoto. Wenn man Wasser mit dem Wort »Liebe« bespricht und es dann einfriert, hat die Struktur des Eiskristalls eine harmonische Form – bespricht man das Wasser mit dem Wort »Hass«, eine gestörte Form. Das kann man mit allen Worten, Gedanken, Gefühlen und Stimmungen machen.

Genau. Und daran könnt ihr erkennen, dass die Information – die Worte – die Form verändern kann, obwohl die chemische Zusammensetzung des Wassers immer noch gleich ist. Der kleine Nachteil ist, dass Wasser Informationen nur für kurze Zeit speichert.

Informationen, die in Kristalle gegeben werden, werden besser und länger gespeichert.

Es geht also ums Speichern?

Ums Speichern und auch wieder ums Abgeben. Steine geben die Informationen, die sie erhalten, wieder an ihre Umgebung ab – dies jedoch viel intensiver und langsamer, als Wasser das jemals könnte.

Verstehe ich richtig? Ihr bringt die gebündelte Information in die Kristalle, damit diese sie nach und nach an uns abgeben können?

Fast richtig. Nicht wir geben die Informationen in die Steine. Wir haben die Steine lediglich platziert und bewachen sie – bessern aus, sollte mal eine Kristallansammlung Schaden nehmen oder entfernt werden.

So wie Straßenbauarbeiter? Aber wer gibt denn die Informationen in die Kristalle?

Das sind alles Wesen aus der siebten Dimension. Sie speisen die Kristalle mit höheren Energien durch Gedankenkraft.

Ich bin immer wieder erstaunt, wie viele Wesen uns dabei helfen, dass wir vorankommen. Das berührt mich aufrichtig. Danke!

Es ist alles ein Geschenk der Liebe.

Ich bin echt gerührt. Jedes Mal, wenn ich mir das bewusst mache. – Was für Kristalle sind das denn, die ihr in die Erde gepackt habt?
Kennen wir solche Kristalle?

Obwohl es über 100.000 bekannte Kristallarten auf der Erde gibt, haben wir dennoch andere Kristalle in die Erde eingebracht.

Waren unsere nicht gut genug?

Die auf eurer Erde vorhandenen Kristalle sind teilweise durchaus geeignet, höhere Energien aufzunehmen und wieder abzugeben.

Aber?

Ihr baut sie ab.

Stimmt. Ich handle selbst mit Steinschmuck. Eigentlich dachte ich, ich könnte jetzt mit meinem Wissen über

Heilsteine auftrumpfen, aber wenn ihr andere Steine verwendet, ergibt das ja keinen Sinn.

Was weißt du denn über Kristalle?

Eigentlich nur das, was andere Steinheilkundler auch wissen. Zum Beispiel weiß ich, dass Quarzkristalle wie Bergkristall oder Amethyst Energie an den Seiten und der Basis aufnehmen und über die Spitzen wieder abgeben. Bergkristall unterstützt das, was gerade ist, und Amethyst befreit und reinigt. Fluorit stellt die eigene innere Ordnung wieder her, Schörl hilft beim Loslassen von Energien, die nicht die eigenen sind, na ja, solche Sachen eben.

Und wie werden die Steine eingesetzt?

Wenn ich einen Heilstein auf meine Haut lege, dann versucht meine Frequenz, sich der Frequenz des Steines anzupassen.

So ähnlich kannst du dir auch die Wirkung des Kristallgitternetzes vorstellen. Sobald das Netz vollständig gespeist ist, werden eure Körper und euer Bewusstsein sich auf diese höhere Information einschwingen. Es ist immer so. Wenn zwei unterschiedliche Frequenzen aufeinander treffen, versucht sich stets die jeweils geringere Frequenz an die höhere anzupassen.

Wir sind dann in diesem Fall diejenigen mit der niedrigeren Frequenz.

Genau so ist es.

Wann ist denn die gesamte Information im Kristallgitternetz vorhanden?

Sobald die Erde sich wieder dreht – nach dem Stillstand –, ist die Frequenz des Kristallgitternetzes vollständig.

Ach, das ist jetzt ja wieder einfach. Ich kenne viele Leute, die sich den Kopf darüber zerbrechen, woran sie erkennen können, dass die Erde in der fünften Dimension angekommen ist. Dabei brauchen wir anscheinend nur abzuwarten, bis die Sonne im Westen aufgeht. Aufstieg für Dummies. Hahaha.

Aber bei den Heilsteinen ist es doch so, dass manchmal Heilreaktionen auftreten. Geschieht das auch noch, wenn das Gitternetz aktiviert ist?

Das ist eine sehr schöne Frage. Und dazu solltet ihr Folgendes wissen ... Wenn ihr eure Heilsteine auf einen Patienten legt, dann bildet sich ein Schwingungsnetz um diese Person. Jede seiner Körperzellen versucht, sich der Frequenz der Steine anzupassen. Zellen, die bereits von feinstofflichem Ballast wie Gedankenmustern und disharmonischen Ge-

fühlstrukturen gereinigt sind, gehen sehr schnell in Resonanz mit der hohen Schwingung der Steine. Die Zellen, die noch in Disharmonie ausgerichtet sind, müssen sich erst von diesem feinstofflichen Ballast befreien. Dabei können dann natürlich Heilreaktionen in Form von starken Gefühlen oder intensiven Träumen auftreten.

Dieser Prozess kann auch stattfinden, wenn die Frequenz der Erde zunimmt. Deshalb werden die Informationen nach und nach auf die Kristalle gegeben, damit eure Körper und euer Bewusstsein sich anpassen können.

Wie sehen die neuen Steine eigentlich aus? Nicht, dass wir die auch wieder abbauen.

Ihr könnt diese Kristalle erst vollständig wahrnehmen, wenn ihr selbst vollständig in der fünften Dimension angekommen seid. Und wenn ihr dazu in der Lage seid, werdet ihr keinen Sinn mehr darin sehen, diese Steine aus ihrem Umfeld zu entfernen. Ihr könnt euch dann auf die Frequenz der Steine einschwingen, unabhängig davon, wo sie sich befinden. Ihr braucht sie euch dann nicht mehr um den Hals zu hängen oder auf den Bauch zu legen.

Hm. Langsam kapiere ich, dass alle Dimensionen auf einmal am gleichen Ort existieren, aber dass man nur die Dimension wahrnehmen kann, in der man sich selber befindet.

Das hast du gut erkannt, ja. Die Tatsache, dass ihr mit uns kommunizieren könnt, ist ein Beweis dafür, dass wir auch neben euch existieren und ihr euch schon auf die höhere Dimension einschwingt.

Einfacher wäre es vielleicht für viele, wenn wir euch sehen könnten.

Wir tauschen uns mit euch aus, damit ihr diese Art der Kommunikation lernt. Später werdet ihr alles nur noch durch eure Gedanken mitteilen.

Hmm ... Danke, Trainer. Aber wenn man sich auf die Kristalle der fünften Dimension einschwingen kann, müsste man das theoretisch doch auch mit den Steinen der dritten Dimension können. Wenn ich einfach denke: »Frequenz von Bergkristall«, dann müsste ich die Frequenz eigentlich sofort haben, oder?

Natürlich geht das. Allerdings kommt ihr aus einer Dimension, in der ihr alles anfassen und sehen wollt, weil ihr sonst weder an die Existenz noch an die Wirkung von irgendetwas glaubt.

Außer an Gott.
    An Gott glauben ja die meisten. Oder an Allah, oder wie auch immer sie ihn nennen mögen.

Das ist das Urwissen in euch allen, dass es eine Schöpferkraft gibt. Nur haben eure Religionen euch meistens vorenthalten, dass diese Schöpferkraft in euch selbst wohnt. Ihr zieht es vor, euch dieses Wissen vermitteln zu lassen, statt direkt darauf zuzugreifen. Ihr setzt Steine ein, um die Wirkung der Energie zu entfalten, Priester, die das Heilige Wort vermitteln ... Ihr traut diesem Urwissen, dass ihr über diese Kräfte selbst verfügt, nicht so recht!

Kann ich noch eine Frage zu unseren Heilsteinen stellen?

Natürlich.

Diese Frage beschäftigt mich schon länger. Und zwar werden ja immer häufiger Steinmischungen angeboten. Zum Beispiel zur Wasserenergetisierung. Da soll man zum Beispiel drei bis fünf verschiedene Steine gleichzeitig ins Trinkwasser legen. Aber ich habe mal gelesen, dass die Steine sich gegenseitig informieren. So nimmt Bergkristall sehr schnell die Information von anderen Steinen an. Wenn das stimmt, machen solche Mischungen ja gar keinen Sinn, weil am Ende eh nur die Information des stärkeren Steines im Wasser ist. Oder es ist so eine Mischinformation, die dann vielleicht gar nicht so stark ist.

Das hast du gut hergeleitet. Die Information in den Steinen verhält sich wie jede andere Information auch.

Stell dir vor, es befinden sich drei Personen in einem Raum. Einer wiederholt ständig das Wort Freiheit, ein anderer das Wort Reinigung, und der Dritte sagt nichts anderes als das Wort Freude. Jede dieser Personen hört auch die Worte der anderen, nimmt sie auf, und nach einer Weile sagen alle drei das Wort, das stets am lautesten erklungen ist. Die anderen beiden haben sich angepasst.

So geschieht es auch mit euren Steinmischungen.

Dann empfehle ich jetzt besser nur noch Mono-Steinmischungen, damit die Information klar und eindeutig ist. Aber – Augenblick mal – können nicht vielleicht auch andere Wesen eure Kristalle mit Informationen aufladen, und mischt sich am Ende nicht alles zu einem einzigen komischen Informationsbrei?

Die Frage ist berechtigt. Und die Möglichkeit, dass Fremdinformationen auf die Kristalle gegeben werden, ist wahrhaftig gegeben. Sie ist gering, aber sie existiert dennoch.

Und was macht ihr dann?

Was macht ihr mit euren Heilsteinen, um sie von Fremdinformationen zu reinigen?

Wir halten sie unter fließendes Wasser.

So ähnlich machen wir es auch. Nur, dass auch dieser Prozess feinstofflich geschieht. Wir reinigen die Kristalle regelmäßig von Fremdenergien.

Irgendwie ist es doch beruhigend, dass ihr das gar nicht so sehr anders handhabt. Könnt ihr mir vielleicht noch etwas zu meiner derzeitigen Situation sagen? Ich habe im Moment sehr viel Zeit, und ...

Das freut uns sehr. Woran liegt das?

Mein Geschäft ist ruhiger geworden. Ich kann es mir leisten, viel Freizeit zu haben. Allerdings ist der Verdienst auch in den Keller gesackt. Noch reicht das Polster. Aber wie lange?

Du befindest dich in einem schönen Prozess.

Ach ja?

Früher hattest du Zeit- und Geldmangel, stimmt's?

Stimmt.

Danach hattest du Geldfülle und Zeitmangel.

Ja. Stimmt.

Und jetzt hast du Zeitfülle und noch Geld aus früheren Geschäften. Richtig?

Richtig.

Na bitte. Es gibt nur noch eine einzige Qualität, die dir fehlt. Kannst du erraten, welche das ist?

Vertrauen?

Genau. Wenn du im Vertrauen bist, wirst du immer Zeit und Geld in Fülle haben.

Wie bekomme ich das Vertrauen?

Es wird dir immer leichter fallen. Du hast nun Zeiten mit finanzieller Fülle und auch Zeiten mit zeitlicher Fülle kennen gelernt. Du weißt also, dass du beides erschaffen kannst. Es wird dir automatisch immer leichter fallen, dir deine täglich gesprochenen Wahrheiten zu glauben. Der Glaube ist das, was dann die Berge versetzt.

Und ich weiß auch, wie ich das am besten anpacke. Einfach immer weiter erzählen, wie gut es mir geht, dann kommen die ersten Erfahrungen dazu, und aufgrund dieser Erfahrungen kann ich wieder besser dran glauben, und je besser ich dran glauben kann, desto mehr

Erfahrungen kommen dazu. Ungefähr so kann man es sich doch vorstellen, nicht wahr?

Genau so.

Hm, das sagt sich so leicht, aber wenn ich es richtig zu durchdenken versuche, streikt immer mein Verstand. Ich möchte jetzt gern eine Runde darüber schlafen. Morgen ist es ganz sicher eingesickert.

Ganz sicher.

*H*allo, Hathoren! Seid ihr da?

Wir sind immer in deiner Nähe.

Das ist gut. Ihr habt mir ja am Anfang des Büchleins gesagt, dass ich auch ohne Arbeit Geld erschaffen kann. Ich hatte das schon ganz vergessen. Es ist mir erst wieder eingefallen, als ich vorhin unseren Dialog noch einmal gelesen habe. Und da ist es mir aufgefallen: Bis jetzt habe ich das noch nie erzählt ... ich meine ... dass ich Geld durch Nichtstun bekommen habe.

Ihr sagt ja: Wenn ich's erzähle, wird es wahr geworden sein. Aber dieser Gedanke ist mir einfach unglaublich fremd. Ich habe schon manchmal erzählt, dass es immer leichter wird, immer mehr Geld zu verdienen. Aber ganz ohne etwas zu tun ...?

Es wird genau so passieren, wie du es dir erschaffst.

Es ist schön, wenn man seine Schöpferkraft deutlich spürt. Mir gelingt das immer besser – und immer leichter verdientes Geld ist ja auch schon klasse. Aber nichts dafür tun müssen ... Wisst ihr was? Das nehme ich besser später noch mal auf, wenn ich mich an die Leichtigkeit gewöhnt habe.

Aber ihr habt uns gestern einiges über Kristalle und Heilsteine erzählt. Wie ist das denn mit den Klängen? Was könnt ihr uns darüber erzählen?

Was weißt du über Klänge?

Ach, meine musikalischen Erfahrungen sind alle irgendwie blöd gelaufen.

Wieso?

Ich wollte als Kind Klavier spielen, das war aber zu teuer. Also habe ich nur Blockflöte gelernt. In der Schule hatten wir strengen Musikunterricht. Wir mussten Dominantsept-Akkorde berechnen, ohne Musizieren zu dürfen. Außerdem habe ich zwar eine Gitarre, nur ist mir nie ein gescheiter Lehrer dazu untergekommen. Ich halte mich durchaus für musikalisch, das ist es nicht – nur wurde mir der Weg immer irgendwie versperrt. Ich habe ein Gefühl für Klänge, aber es fehlen mir das Wissen und die Praxis.

Das ist doch prima.

Was bitte ist denn daran prima?

Prima ist, dass du ein Gefühl für Klänge hast. Damit bist du nicht verkopft und kannst die Wirkung der Klänge viel leichter aufnehmen.

Aha.

Und das betrifft alles! Denn alles wird von Schwingungen gebildet – und damit ist auch in allem Klang verborgen. Wusstest du das?

Ja, das habe ich schon mal gehört.

Jeder Planet, jedes Atom, jede Seele, jeder Mensch, jedes Tier, jeder Gegenstand, jede Pflanze, alles Erschaffene hat seine eigene Schwingung, seinen eigenen Ton.

Aber diesen Ton kann man nicht immer hören, richtig? Oder kann man jede Schwingung auch hörbar machen? Vielleicht gerade durch ihre Abwesenheit? Ich komme darauf, weil beispielsweise Fledermäuse ... die können ja irgendwie hören, wo sich ein Gegenstand befindet, und fliegen dann eben nicht dorthin, sondern dahin, wo sie nichts hören. Oder wie ist das?

Das stimmt nur halb. Fledermäuse verfügen über eine Echoortung, das bedeutet, dass sie Hochfrequenztöne aussenden, die von den Objekten in deren Umgebung als Reflexion zurückgeworfen werden. So kann das Gehirn der Fledermaus die Umgebung erfassen und weiß, wie weit der Baum oder das Beutetier entfernt ist. Es ist also nicht die Schwingung der Gegenstände, sondern die Reflexion der eigenen Ultraschallwellen, die der Fledermaus ihre Orientierung gibt. Wir reden jedoch von Schwingungsfeldern ...

Aber ein bisschen ist das bei uns doch auch so, oder? Wenn ich gut gelaunt bin und das ausstrahle, dann nehme ich wahr, wo jemand ist, der eine andere Frequenz hat, zum Beispiel schlechte Laune, und da »fliege« ich dann ja auch nicht hin.
Könnte man das so vergleichen?

Schwingung ist nicht ausschließlich ein Klang. Es sind Überlagerungen verschiedenster Art. Jede Stimmung, jede Neigung, jeder Erfolg oder Misserfolg, all dies drückt sich in Form von Schwingungen aus und ist auch als solche wahrnehmbar. Einige Schwingungen könnt ihr als Ton wahrnehmen, andere nehmt ihr mit den Augen wahr, einige Schwingungen erfasst ihr über eure Seele, über euer Gemüt oder eure Gedanken.

Aber es ist doch immer die gleiche Schwingung, oder habe ich das falsch verstanden? Nur, dass wir sie unterschiedlich wahrnehmen.

Die gesamte Schöpfung beginnt mit einer Aktivität des Bewusstseins. Diese Aktivität ist die erste Schwingung. Auch die Seele ist aus Schwingung gebildet. Durch Aktivität wird sich die Seele ihrer selbst bewusst.

Das ist ja unglaublich ... Wollt ihr damit sagen, dass alles, was schwingt, eine Seele hat und dass, je mehr Schwingungsaktivität eine Seele erlebt, desto bewusster sie sich über sich selbst wird?

Genau das wollen wir damit sagen.

Ein extremes Leben mit vielen Höhen und Tiefen dient also einfach nur dem Zweck, dass die Seele sich über diese extremen Schwingungen selbst erkennen kann?

Ja. Ursprünglich hat die Seele keinerlei Erfahrung. Dann geht sie ins Außen und macht Erfahrungen. Das Leben in der äußeren Welt scheint das wirkliche Leben zu sein. Hat die Seele genügend Erfahrungen im Außen gemacht, beginnt sie den Frieden zu suchen, den sie hatte, bevor sie Erfahrungen machte. Das Äußere ist dann nicht mehr so interessant und erstrebenswert. Die Schwingung wird wie-

der geringer. Wenn die Schwingung geringer wird, wird aus Materie wieder Geist.

Wer im Frieden ist, hat also weniger Materie um sich?

Es geht darum, dass ihr die Schwingungsaktivität zu beherrschen lernt.

Ich versteh grad gar nichts mehr. Was meint ihr damit? Erst ist die Seele im Frieden. Dann geht sie ins Außen, macht Erfahrungen. Aber sie sehnt sich am Ende doch wieder nach Ruhe und Frieden und verlässt die äußere Welt?

Das hast du gut verstanden.

Das ist ja oberlangweilig. Nur noch heilig auf einem Berg herumsitzen, frei von Materie, glücklich, friedlich und allein. Das will doch keiner.

Deshalb haben wir dir gesagt, dass es für euch darum geht, die Schwingungsaktivität beherrschen zu lernen.

Aber was bedeutet das? Also, inneren Frieden will ich auch. Aber glückselig in der Ecke hocken und *Hare Krishna* singen, darauf stehe ich nicht besonders.

Wer die Aktivität der Schwingung richtig beherrscht, der kann sein Schicksal durch Gedankenkraft gestalten. Ein Mensch, der stark in der äußeren Welt verhaftet ist, der unter dem Einfluss starker äußerer Schwingungsaktivitäten steht, der muss, wenn er ein neues Auto haben möchte, viel dafür tun. Stimmt's?

Absolut. Er muss hart und viel dafür arbeiten, oder er muss etwas anderes verkaufen, um sich den Wagen leisten zu können, oder was auch immer. Normalerweise muss er schon einiges dafür tun. Ja.

Wer die Schwingungsaktivität beherrscht, der kann sich davon frei machen und dennoch durch Gedankenkraft und sein gesprochenes Wort das bekommen, wonach ihm gerade der Sinn steht.

Ihr meint, er muss nicht mehr so doll schwingen wie zuvor, also nicht mehr ohne Ende arbeiten, und kann gleichzeitig in der äußeren Welt bleiben und deren Vorteile nutzen? Anders ausgedrückt: Er kann sich ein schönes Auto herbeidenken, statt glückselig auf einem Berg herumzulungern?

Genau so meinen wir es.

Das ist ja wunderbar. Also Frequenz runterschrauben, immer mehr in den inneren Frieden kommen und sich alles wünschen, was man will. Super. – War es das, was ihr am Anfang damit meintet, dass ich mir auch durch Nichtstun Geld erschaffen kann?

Ja. Das meinten wir.

Wie komme ich denn am schnellsten in diese wundervolle Schöpferkraft?

Du nutzt deine Schöpferkraft schon sehr gut. Du kannst noch mehr darauf achten, deine Aktivitäten zu justieren und dich einfach mal hinzulegen und innerlich mit dem Gewünschten zu verbinden. Dann sendest du genau die erforderliche Schwingung aus, und dein Wunsch kann sich ganz einfach materialisieren, ohne dass du stark in die Aktivität gegangen bist.

He, ich weiß, wie das funktioniert! Als Jugendliche habe ich mich immer in meine Hängematte gelegt und mir Dinge »herbeigeträumt«, wie ich es nannte. Ich dachte damals, dass alle Menschen es so machen.

Leider habe ich damit irgendwann wieder aufgehört und dann jahrelang vergessen, dass ich einmal so eine einfache Methode kannte.

Deine Seele wollte noch mehr Aktivitäten erleben.

Ganz schön gemein von meiner Seele.

Deine Seele hat das schon richtig gemacht. Jede Seele durchlebt Aktivitäten. Sonst wäre der Frieden gar nicht als Frieden wahrnehmbar.

Frieden ist langweilig, hat mein Theologieprofessor einmal gesagt. Er hat gesagt, dass die Menschen Krieg führen, weil im Frieden zu wenig passiert. Ich habe das damals auch irgendwie verstanden ...

Ein kluger Mann, dein Professor. Er hat damit die Sehnsucht der Seele nach Aktivität beschrieben. Viele von euren Seelen haben nun jedoch eine Sehnsucht nach dem Frieden. Und wenn ihr gut auf eure Worte und Gedanken achtet, könnt ihr euch hier den Himmel auf Erden erschaffen.

Der Himmel auf Erden bedeutet, im inneren Frieden zu sein und sich alle seine Wünsche erfüllen zu können, ohne etwas dafür tun zu müssen?

So ist es.

Ach, ist das alles großartig. Ich will noch viel mehr in den Frieden kommen und meine Schöpferkraft nutzen. – Aber wir haben jetzt gar nicht über die Töne geredet, die ihr in der Erde verankert.

Indirekt haben wir das schon gemacht.

Erklärt mir das mal.

Nun, wir verankern Kristalle in der Erde, die von höheren Wesen mit einer Schwingung gespeist werden, welche die Aktivität auf der Erde entschleunigt. Es ist die babsichtigte Wirkung dieser Schwingung, dass sie euren gesamten Planeten, jeden Gegenstand und jedes Lebewesen auf der Erde in eine friedvollere Gemütsbewegung bringt.

Die Menschen, die extrem in der Aktivität verankert sind, müssen ihre Schwingung etwas herunterfahren. Machen sie es nicht, merken sie, dass sie immer mehr persönliche oder gemeinschaftliche Katastrophen erschaffen. Dadurch, dass die Schöpferkraft auf dem gesamten Planeten zunimmt (durch die insgesamt geringere Schwingung), wird aus einem Gedanken oder einem Wort immer schneller erlebte Realität.

Das wird bald jeder Mensch merken. Wer darauf achtet, kann sich ein Paradies erschaffen, einen Himmel auf Erden – wer diese neue Schöpferkraft ignoriert, kann sich viel Leid erschaffen, die Hölle auf Erden.

Ich verstehe ... Die Steine werden mit einer langsameren Schwingung gespeist. Insgesamt schwingt die

Erde höher, aber die Schwingung der Aktivität wird geringer. Die Schwingung der Kristalle wird von den Menschen aufgenommen, weil sie in Resonanz damit gehen und sich immer die schwächere Frequenz an die höhere anpasst. Wenn die Schwingung der Aktivität geringer ist, ist die Schöpferkraft größer. Also sind alle Menschen jetzt in einer größeren Schöpferkraft. Danke, das habe ich verstanden.

O Mann, vielleicht ist das der Grund für diese unglaubliche Sache, die mir neulich passiert ist!

Erzählst du uns, was das war?

Ja, gern. Ich kam aus dem Lager ins Büro und hörte, wie meine Kolleginnen sich über einen Mann unterhielten, der auf der Straße einen Kühlschrank mit einer Sackkarre transportierte. Beide Kolleginnen standen mit dem Rücken zum Fenster. Hinter ihnen transportierte ein Mann einen Kühlschrank mit einer Sackkarre. Ich fragte die beiden, ob sie von dem Mann hinter ihnen sprachen. Sie drehten sich um und waren total baff. Sie hatten sich über etwas unterhalten, was sie gerade im Fernsehen sahen.

Und ähnliche Erlebnisse hatte ich jetzt schon öfter.

Sie werden sich auch häufen. Du hast gerade ein gutes Beispiel gegeben für die Synchronizität von Ereignissen. Mit zunehmender Schöpferkraft werdet ihr solche unbeabsichtigten Schöpfungen oft zeitgleich in euer Leben ziehen.

Und was folgt daraus? Eure Aufgabe wird es sein, immer stärker auf die Nebenwirkungen dessen zu achten, was ihr denkt oder aussprecht.

*S*eid ihr da? Ich habe eine wichtige Frage an euch, die ich unbedingt loswerden muss.

Natürlich – und du solltest uns diese Frage auch gleich stellen, weil sie vielen von euch gerade durch den Kopf geht und eine Menge Angst erzeugt. Das ist nicht gut. Wir wollen diese Angst zerstreuen.

Ihr wisst, was ich euch fragen will?

Es betrifft die Sonnenstürme.

Ja, andauernd höre ich davon. Sind sie wirklich so bedeutsam für uns?

Sogar sehr. Die Aktivitäten der Sonne beeinflussen eure Stimmungen, eure Gefühle und euer Bewusstsein.

Wie bitte? Auch unser Bewusstsein? Ihr wollt damit
sagen, dass ... einen Moment, was sind Sonnenstürme eigentlich genau? Ich stelle mir das immer so vor,
als ob das Feuer der Sonne eben ein bisschen mehr
flackert als sonst, als würde es vom Wind angefächelt.
Stimmt das ungefähr?

*Die Eruptionen auf der Sonne nehmen seit einigen Jahren
vermehrt zu. Dies führt dazu, dass solare Stürme, Teilchenwolken mit Geschwindigkeiten von bis zu tausend Kilometer
pro Sekunde auf die Erde zurasen.*

Tausend Kilometer pro Sekunde kann ich mir fast gar
nicht vorstellen. Das ist ja von hier bis Italien – in nur
einer Sekunde. Klingt irgendwie bedrohlich.
Welche Auswirkungen haben denn diese Teilchenwolken? Kann man die sehen? Ich glaube, ich habe noch
keine gesichtet.

*Diese solaren Stürme sind für euer Auge unsichtbar. Eure
Wissenschaftler können sie jedoch messen und nachwei-
sen. Eine optische Auswirkung dieser Aktivitäten kennt
ihr als Polarlichter. Wenn die Sonnenaktivität erhöht ist,
treffen die vermehrten energiereicheren Teilchen auf die
Teilchen in den oberen Atmosphäreschichten der Erde.
Dieses Zusammentreffen der Teilchen führt zu den euch
Lichterscheinungen.*

Ach so. Das klingt harmlos. Eigentlich sogar schön. Polarlichter gefallen mir, auch wenn ich sie nur von Bildern und Filmen kenne. Wie kann ich mir denn so einen Sonnensturm vorstellen? Was passiert da eigentlich?

Als Sonnensturm bezeichnen eure Wissenschaftler einen magnetischen Sturm, eine Störung der Magnetosphäre eines Planeten. Mit Magnetosphäre bezeichnet ihr den Raum um die Erde, in dem ihr Magnetfeld dominiert. Auf der Sonne finden Eruptionen, Gasausbrüche und Strahlungsstürme statt. Hierbei werden geladene Teilchen ausgestoßen. Diese Teilchen erreichen nach ungefähr zwei Tagen eurer Zeitrechnung die Erde und prallen auf die Magnetosphäre.

Ihr habt alle schon mal etwas über Sonnenflecken gehört. Sonnenflecken bezeichnen Magnetanomalien auf der Sonne, die sich als schwarze Punkte zeigen, weil sie etwas kühler sind als der Rest der Korona, der äußeren Atmosphäreschicht der Sonne. Diese magnetischen Anomalien führen letztlich zu den Sonnenwinden, -stürmen, -orkanen, oder wie immer ihr sie auch nennen wollt. Hierbei werden hochpotente Teilchen in den Weltraum geschleudert, die ebenfalls auf das Magnetfeld der Erde treffen. Der größte Anteil dieser Teilchen wird von der Erde abgeleitet, und so kommt es zu einer Verkrümmung des Erdmagnetfeldes.

Wenn auf der Sonne eine heftige Eruption stattfindet, staucht der Sonnenwind die Magnetosphäre auf der Son-

nenseite der Erde stark zusammen. Auf der Nachtseite der Erde zieht der Sturm die Magnetosphäre dafür aber sehr weit auseinander, so dass das Magnetfeld der Erde instabil wird.

Es gibt auch Wechselwirkungen zwischen den Magnetfeldern der vorbeiströmenden Sonnenwinde und dem irdischen Magnetfeld. Einige Teilchen gelangen dabei in die innere Atmosphäre der Erde. Hier kommt es zu Energieübertragungen der Magnetosphäre. Es entstehen unzählige elektrische Ströme. Die Teilchen der Sonnenwinde stoßen an die Teilchen in der Atmosphäre der Erde, so dass komplexe Energiesysteme entstehen.

Bei alledem müsst ihr wissen, dass die Sonne, wie eure Erde, ebenso wie jeder andere existierende Planet, ein eigenes Bewusstsein hat. Und eure Wissenschaftler haben nachgewiesen, dass sich das Magnetfeld der Erde mit dem Magnetfeld der Sonne alle paar Minuten für ein paar Millisekunden verbindet. Hierbei findet jedes Mal eine Informationsübertragung statt.

Es verbindet sich also das Bewusstsein der Sonne mit dem Bewusstsein der Erde.

Das geschieht alle paar Minuten eurer Zeitrechnung!

Wenn zeitgleich starke Eruptionen stattfinden, ist auch der Informationsaustausch zwischen Sonne und Erde stärker. Die Erde erhält dann immer mehr Energie und Information direkt aus dem Bewusstsein der Sonne.

Das ist beeindruckend. Nun kann ich es mir ungefähr vorstellen. Haben diese Sonnenstürme noch mehr Auswirkungen als diese wunderschönen Polarlichter?

Diese Teilchenwolken, das solare Plasma, wie eure Wissenschaftler es nennen, schwächen das Magnetfeld der Erde.

Moment, das mit dem schwächeren Erdmagnetfeld hatten wir ja bereits. Ihr habt gesagt, dass unsere Wahrnehmung abhängig ist von der Dichte der Erdmagnetfelder. Ein schwächerer Erdmagnetismus macht es leichter, sich auf höhere Dimensionen einzuschwingen.

Bedeuten die stärkeren Sonnenstürme also am Ende auch, dass wir uns noch leichter auf die nächste Ebene einschwingen können?

Die vermehrte Aktivität der Sonne verstärkt durch ihre schwächende Wirkung auf das Erdmagnetfeld sämtliche Phänomene, die durch ein schwächeres Magnetfeld verursacht werden.

Oh, verstehe. Ihr habt gesagt, dass Orte, an denen lange Zeit ein geringer Magnetismus herrscht, instabil sind. Und das betrifft Veränderungen in der Politik, die Mode, Technologien und innere Haltungen.

Aber die Sonnenstürme wirken vermutlich auf die gesamte Erde?

Die Eruptionen der Sonne beeinflussen den Magnetismus der ganzen Erde.

Dann ist es ja in Gegenden, in denen der Magnetismus wegen der Verschiebung der Erdmagnetfelder sowieso gerade instabil ist – und zusätzlich noch aufgrund der Verlangsamung der Erdrotation –, nun durch die Sonnenstürme fast gar nicht mehr auszuhalten an Instabilität. Wie sollen die Menschen an solchen Orten denn damit überhaupt klar kommen?

Weißt du noch, was wir über das Bewusstsein der Menschen in solchen Gegenden gesagt haben?

Ihr habt gesagt, dass unser Bewusstsein abhängig ist vom Erdmagnetfeld. Je schwächer das Feld ist, in dem wir uns aufhalten, desto höher kann unser Bewusstsein aufsteigen.

Hm ... darüber habe ich mal einen Bericht gelesen. Ich glaube, es war eine Untersuchung aus den 1980ern. Es ging darum, dass man Menschen Feldern mit künstlich erzeugtem schwächeren Magnetismus aussetzte – meist nur eine Stunde am Tag.

Dabei fand man heraus, dass diese Menschen starke Veränderungen ihres Schlafmusters zeigten.

Bei einigen kam es auch zu psychischen Auffälligkeiten. Sie waren gereizter und neigten zu aggressiverem

Verhalten. Bei anderen hingegen nahm ihre Entspannung und ihre Intuition zu.

Könnt ihr mir das genauer erklären? Was hat es zum Beispiel mit dem erhöhten Aggressionsverhalten auf sich? Haben wir das auch zu erwarten?

Ihr steckt mittendrin. Bei den Versuchen eurer Wissenschaftler waren die Menschen nur eine Stunde am Tag diesem Feld ausgesetzt. Ihr seid nun immer häufiger und für immer längere Zeit einem schwächeren Magnetfeld ausgesetzt. Das bedeutet, die Auswirkungen, die diese veränderten Zustände auf euch haben, werden entsprechend stärker und dauerhafter.

Aber keine Sorge! Diese Felder haben eine wunderbar reinigende Wirkung auf euer Innenleben. Ob ihr die Veränderungen angenehm sanft und als Bereicherung oder unruhig, gereizt und unangenehm erleben werdet, ist ganz und gar abhängig von eurer inneren Haltung.

Was ihr nicht ändern könnt, ist, dass die Magnetfelder sich verändern. Da euer Bewusstsein mit der Stärke oder Schwäche des Erdmagnetfelds in Zusammenhang steht, wird sich auch euer Bewusstsein verändern.

Aber wie gesagt, diese Veränderungen reinigen euer Bewusstsein. Sie holen nach oben, was im Unterbewusstsein verborgen war. Alte Muster und versteckte Gefühle, die ihr sozusagen eingelagert habt, werden nun befreit.

Wenn diese Muster wieder an die Oberfläche gelangen, kommt es darauf an, wie ihr damit umgeht. Viele von euch sind mit den Gefühlen, die über Jahre hinweg verborgen in ihnen schlummerten, überfordert. Sie sehen als einzige Möglichkeit, sie abzubauen, nur die ihnen bereits bekannten Verhaltensweisen.

Habt deshalb für euch und andere Verständnis.

Ich habe eine Freundin, deren Vater inzwischen über siebzig ist. Früher, als sie noch ein Kind war, erlebte sie ihren Vater oft cholerisch und aggressiv. Über die Jahre zeigte er dieses Verhalten immer weniger. Seit einiger Zeit hat er sein früheres Verhalten jedoch wieder aufgenommen und ist aggressiv und gewaltbereit. Ich finde das schockierend. Er ist doch schon so alt, und es war doch so lange alles in Ordnung.

Das mit der Ordnung ist nur ein Trugschluss. Wenn ihr eure Themen nicht erkennt, könnt ihr sie zwar verdrängen und euch vor ihnen verschließen, ihr könnt euch anpassen und andere Verhaltensweisen antrainieren. Wenn euch jedoch nicht bewusst wird, warum ihr beispielsweise aggressiv wart, wird nun mit dem schwachen Erdmagnetfeld diese Ursache wieder ins Bewusstsein geholt.

Wie kann ich mir das denn ungefähr bei dem Vater meiner Freundin vorstellen?

Wenn dieser Mann in seiner Jugend oder in seinem jungen Erwachsenenalter aggressiv und gewaltbereit war, hat das vor allen Dingen eine Ursache in seiner Gefühlswelt. Vielleicht war er wütend auf seinen Vater oder mit seinen Lebensbedingungen nicht einverstanden. Anfangs ging er mit diesen Gefühlen sicher dergestalt um, dass er seine Aggressionen auslebte. Er hätte damals hinschauen können, was ihn aggressiv macht, er hätte dieses Thema anschauen und transformieren können. Aber er hat sich für einen anderen Weg entschieden. Er hat diese Gefühle weggesperrt und sich ein anderes Verhalten antrainiert.

Du musst dir das so vorstellen: Er zeigte so viele Jahre kein Gewaltpotenzial, weil er diese Muster in sein Unterbewusstsein verbannte. Sein moderateres Verhalten machte ihn angenehmer für seine Mitmenschen. Allerdings wird er nie ganz frei gewesen sein in seinem Verhalten. Das freundlichere Verhalten war antrainiert und sicher auch zu seiner Gewohnheit geworden. Es entsprach jedoch nicht dem Entwicklungsstand seiner Seele.

Wenn nun durch das schwächere Erdmagnetfeld seine versteckten Gefühle und möglicherweise seine alte verdrängte Wut wieder an die Oberfläche kommen, erhält dieser Mensch erneut die Chance, diese zu transformieren.

Es gibt nämlich zweierlei Art, damit umzugehen. Die einen werden auf gewohnte Gefühle gewohnt reagieren. Das zeigt sich an diesem Mann: Er ist wieder aggressiv und gewaltbereit. Das Magnetfeld ist so einflussreich, dass alle

Gefühle, die Jahre oder Jahrzehnte lang in ihm verdrängt waren, in verstärkter Form wieder an die Oberfläche gehoben werden. Seine Seele will sich reinigen, um in die höhere Dimension zu gelangen. Es wird aufgeräumt.

Das geht euch allen so – und ihr habt es auch schon bemerkt, nicht wahr? Wenn ihr nicht fähig seid, euch anzuschauen, was da transformiert werden möchte, wenn ihr nicht hinschaut, dann kommen alte Gefühle und Muster wieder in euer Erleben, und ihr erfahrt sie als Leid.

Wenn ihr jedoch hinschaut, wenn ihr versucht, zu erkennen, welche Anteile von euch angesehen und befreit werden wollen, dann erfahrt ihr wahre Heilung. Dann heilt ihr eure Seelen und eure Körper, ihr heilt eure Beziehungen, ihr heilt euch vollständig in Liebe. In Liebe zu euch selbst.

Es ist nämlich Liebe, wenn ihr hinschaut. Hinschauen ist junge, keimende Liebe. Es ist Liebe, wenn ihr erkennt. Wenn ihr erkennt, transformiert ihr. Schaut hin, erkennt und werdet befreit. Eure Seele ist dann gereinigt, und ihr schwingt euch mit Leichtigkeit in die neue Dimension.

Das klingt wunderschön.

Ich danke euch für diese Erklärungen. Nun weiß ich, dass ich nur hinschauen und erkennen muss, damit sich alles transformiert und meine Seele sich reinigt. Schade finde ich es nur für die, die nicht erkennen. Die tun mir eigentlich sogar leid.

Dazu besteht kein Anlass, denn es geht ihnen eigentlich nicht schlechter als denen, die erkennen. Ihre Seelen haben nur einen anderen Weg für sich gewählt, mit dieser Welt und dieser Zeit und diesen energetischen Turbulenzen umzugehen: den Weg der Auseinandersetzung. Du erinnerst dich? Sie möchten noch mehr Aktivität erfahren.

Es sind nicht alle Seelen gleichzeitig bereit, zu erkennen und zu transformieren. Einige Seelen möchten genau diese extremen Erfahrungen noch machen.

Diejenigen von euch, die bereits hinschauen und erkennen, haben diese Erfahrungen mit unbewältigten Gefühlen bereits in vielen Leben gemacht. Ihr seid nun bereit, die letzten Anteile eurer Seele, die euch noch in der dritten Dimension verhaften, zu transformieren.

Es ist ein schöner Prozess, auf den ihr euch freuen könnt.

Für meine Freundin tut es mir trotzdem leid. Aber da kann man wohl nichts machen.

Für deine Freundin ist wichtig, dass sie selbst hinsieht und transformiert. Wenn sie ihren Anteil gereinigt hat, kann auch ihr Vater ihr nicht mehr aggressiv entgegentreten. Er wird sich dann, sofern er selbst noch immer nicht hinsieht, was mit ihm geschieht, andere Menschen suchen, um seine Aggressionen an ihnen auszuleben.

Je mehr ihr transformiert, desto weniger zieht ihr ungemütliche Verhaltensweisen von anderen an.

Ich glaube, ich habe es verstanden. Durch den schwächeren Erdmagnetismus kommen alte Seelenmuster wieder an die Oberfläche. Wenn wir unbewusst sind, bekommen wir Probleme mit unseren Gefühlen und mit unserem Verhalten. Wenn wir bewusst hinschauen, können wir erkennen, transformieren und so die Seele reinigen, damit uns der Übergang in die nächste Dimension leichter fällt.

Betrifft das eigentlich nur uns als Individuen, oder haben die Stürme auch kollektive Auswirkungen?

Die großen Kriege auf eurer Erde standen immer in Zusammenhang mit erhöhter Sonnenaktivität. Kriege sind immer der Ausbruch verborgener Gefühle im Kollektiv. Da ist dann nicht ein einzelner Mensch aggressiv oder gewaltbereit, sondern eine große Masse.

Das bedeutet doch, wenn ich nicht irre: Es könnten vermehrt Kriege entstehen?

Auch hier kommt es auf das Bewusstsein der Menschen an. Ihr könnt gewalttätig sein und Kriege entfesseln, oder Ihr könnt Innenschau betreiben.

Ich glaube nicht, dass das Bewusstsein in manchen Gegenden groß genug ist, um Kriege zu verhindern.

Es wird weitere Kriege auf der Erde geben. Dennoch ist auch dies eine Art der Reinigung. In diesen Kriegen werden viele Seelen die Erde verlassen, die für den Dimensionswechsel noch nicht bereit sind. Diese Seelen haben sich für den Krieg verabredet, damit sie bei dieser Gelegenheit gemeinsam die Erde verlassen können. Die Erde befreit sich von den Seelen, die nicht mit in die nächste Dimension kommen wollen oder können.

Ich habe mal einen Bericht gelesen, demzufolge sich bei starken Sonnenstürmen mehr Verkehrsunfälle, mehr Geburten, mehr Tode, mehr Selbstmorde, mehr Notrufe, mehr Betriebsunfälle und dergleichen ereignen. Das hat mich ein bisschen an Vollmondnächte erinnert. So etwas wird auch über Nächte berichtet, in denen der Mond voll von der Erde aus zu erkennen ist.

Wenn der Mond voll ist, wie ihr sagt, dann geraten die Magnetlinien der Erde ein wenig durcheinander. Das Magnetfeld wird instabiler. Genau das geschieht auch durch die Sonnenstürme. Die Wirkung der Sonnenstürme ist jedoch um ein Vielfaches stärker als die Wirkung, die ihr bei Vollmond wahrnehmen könnt.

Also werden auf der Erde bald immer Zustände wie bei Vollmond herrschen? Wie gruselig. Muss das den Menschen denn wirklich alles bewusst sein, um es

ändern zu können? Oder gibt es auch andere Möglichkeiten? Ich meine ...

Woran denkst du?

Zum Beispiel an meine Eltern. Ich bin mir nicht so
sicher, wie viel von der Zeitenwende und Innenschau
und Seele und so weiter ihnen überhaupt bewusst ist.
Dennoch haben sie in letzter Zeit ihr Leben stark verändert. Vielleicht passen auch sie sich unbewusst an
die Veränderungen an?

Wie haben sie ihr Leben denn verändert?

Sie haben ihr großes Haus verkauft, weil sie im Alter
nicht mehr so viel Arbeit damit haben möchten. Außerdem sind sie in eine andere Stadt gezogen und haben
in kürzester Zeit neue Freunde gefunden. Sie haben
ihre neue Wohnung mit Liebe eingerichtet, pflegen den
Garten und fühlen sich pudelwohl. Sie verreisen und
erfreuen sich ihres Daseins. Aber ich glaube nicht, dass
sie so viel Innenschau betreiben.

*Das ist ein sehr schönes Beispiel. Um sanft in die nächste
Dimension zu gleiten, ist es tatsächlich nicht unbedingt
erforderlich, sich all der Prozesse, die dabei ablaufen,
bis ins Detail bewusst zu sein.*

Eine weitere Auswirkung des schwächeren Magnetfeldes ist immerhin, dass eure Intuition ständig zunimmt.

Wenn ein Mensch nicht allzu verhaftet ist in seinen Glaubensmustern und Verhaltensweisen, wird er stets offen sein für einen neuen, starken Zugang zu seiner Intuition. Er wird dann unwillkürlich die richtigen Entscheidungen treffen und sein Leben leichter und schöner gestalten.

Offensichtlich ist dies deinen Eltern gelungen.

Es ist auch richtig schön, mit anzusehen, wie gut es ihnen geht. Früher hatte ich nicht immer den Eindruck, dass es ihnen gut geht. Aber es ist eine wahre Freude, wenn es Menschen über siebzig möglich ist, ihr Leben leicht und schön zu gestalten – selbst ohne große Bewusstseinsarbeit. Vielleicht stehen wir, die wir immer alles über das Bewusstsein lösen möchten, uns manchmal mehr im Weg als jemand, der sich einfach dem Fluss des Lebens ergibt.

Auch ihr, die ihr bewusst hinschaut und euch um eurer Seelenleben kümmert, erkennt, dass eure Intuition zunimmt. Auch ihr geht immer vertrauensvoller in eure Intuition, auch ihr überlasst euch immer mehr dem Fluss des Lebens.

Egal, wie ihr es macht, am Ende werdet ihr alle befreit und leicht sein. Ihr werdet die Leichtigkeit der neuen Dimension spüren, und ihr werdet inneres Glück empfinden.

Den Himmel auf Erden?

Die erste Stufe des Himmels auf Erden. In späteren Dimensionen wird es noch leichter und noch himmlischer.

Auf die nächste Stufe freue ich mich jetzt schon. Es klingt so leicht und beschwingt.

Du wirst es erleben – in dieser oder einer anderen Form.

Darf ich euch segnen?

Wir segnen dich auch.

*L*iebe Brüder, seid ihr da?

Wir sind hier und überall. Deine Schwingung hält uns in deiner Aura. Du bist Teil unseres Energiefeldes, wie wir Teil deines Energiefeldes bist – solange du das möchtest.

Darüber bin ich sehr glücklich. Nur geht mir ständig die Sache mit den Sonnenstürmen durch den Kopf. Wenn ich euch gestern richtig verstanden habe, dann wird durch diese Stürme in erster Linie die Energie auf der Erde erhöht.

Durch die Eruptionen der Sonne wird immer mehr Energie auf die Erde gebracht, das ist richtig. Es gibt aber auch noch andere Energiequellen, die auf euch einwirken. So werden seit den 1990er Jahren hochfrequente Gammastrahlen auf die Erde gerichtet. Das heißt, sie wird mit Quantenenergie direkt aus dem Kosmos versorgt. Und es gibt noch weitere kosmische

Konstellationen, die alle dafür sorgen, dass die Energie auf
der Erde nach und nach um ein Vielfaches ansteigt.

Alle Wetter, das klingt wie Nachhilfe aus dem Weltall!
Dieser dumme kleine Planet Erde hat es mit seinen
dusseligen Menschen leider nicht von allein geschafft,
die Energie rechtzeitig zur Zeitenwende zu erhöhen, da
müssen wir dann eben mal den ganzen Kosmos bemü-
hen und ein bisschen Energie spenden.

Du Liebe, die »Nachhilfe« aus dem All ist Teil des kosmi-
schen Plans. Die Entwicklung auf der Erde läuft hervorra-
gend. Immer mehr von euch spüren die erhöhte Energie und
wissen sie für sich zu nutzen. Die Erde weiß, wie sie mit der
erhöhten Energie umgehen muss. Sie nimmt die Energie, das
Bewusstsein auf und transformiert sich. Nur die Menschen,
denen diese Prozesse nicht bewusst sind, die sich weigern,
Innenschau zu betreiben, die sich gegen diese Kräfte wehren,
werden sich unschöne Situationen erschaffen.

Aber diese Wetterkapriolen, was ist mit denen? Da
kann die Erde wohl doch nicht so gut mit der Energie
umgehen?

Was das Wetter betrifft, geht ihr alle davon aus, dass es
außerhalb eures bewussten Einflusses liegt.
  Das ist ein Irrtum.

Erzählt mir jetzt nicht, dass wir für unser Wetter selbst verantwortlich sind.

Und doch ist es gewissermaßen so. Ihr reagiert mit eurem Bewusstsein auf die neuen Quantenenergien, auf die Energien und das Bewusstsein der Sonne. Und das Wetter wiederum reagiert dann auf euer Bewusstsein.

Im Ernst? Wie denn? Das kann ich mir jetzt aber gar nicht vorstellen.

Die Erde ist im Einklang mit dem Bewusstsein der Sonne. Sie verbindet sich alle paar Minuten mit dem Energie- und Bewusstseinsfeld der Sonne. Die Erde verweigert sich nicht den neuen Energien und dem neuen Bewusstsein. Einzig ihr verweigert euch, indem ihr euch nicht auf die veränderten Parameter einlasst. Ihr meint, alles müsse nach den gleichen Gesetzen weiterlaufen, wie ihr sie noch aus früheren Zeiten kennt. Ihr weigert euch, die neuen Energien in euer Leben zu lassen. Diese Energie der Weigerung, die Wut, die Aggressionen, die damit einhergehen, entladen sich in eurem Klima.

Das ist das Krasseste, was ich je gehört habe. Also, der Vater meiner Freundin, der sich weigert, sich an die neuen Energien anzupassen, erschafft damit unangenehmes Wetter? Dann sehe ich aber echt schwarz für unser Klima. Ich meine, guckt euch doch mal die Masse der Menschen an. Wir sind in der Summe nicht gerade ein friedfertiger, glücklicher Haufen.

Du hast doch bestimmt schon mal von dem Begriff der »kritischen Masse« gehört?

Ja, klar. Wenn genügend Menschen etwas Bestimmtes tun oder denken, überträgt sich das auf den Rest der Menschen, oder so ähnlich.

So ähnlich. In diesem Fall bedeutet das, wenn ungefähr 8.000 Menschen im inneren Frieden sind, gibt es auf der Erde keinen Krieg mehr.

Also auch keine Wetterkapriolen mehr? Nur 8.000? Ich dachte, die haben wir längst.

Zählst du dich zu den Achttausend?

Wenn ihr so fragt, sollte ich mich wohl nicht dazu zählen?

Bist du zu hundert Prozent deiner Zeit mit allen Menschen und Situationen im Frieden?

Nein, natürlich nicht. Wer ist das schon. Aber oft ... Hm, oft reicht dann wohl nicht. Okay, so betrachtet erscheint mir 8.000 fast wie eine unerreichbare Zahl. Vielleicht sind ein paar Mönche in Tibet oder in Indien so weit. Hoffentlich werden es noch mehr. Wenn ich mir die Kriege und Aggressionen auf der Welt anschaue, haben wir wahrscheinlich noch nicht einmal hundert solcher Menschen auf diesem Planeten.

Die gute Nachricht ist, es wird bald der Fall sein.

Das ist wirklich eine gute Nachricht. Dann ist es ja auch egal, ob ich einer von ihnen bin. Ich meine ... Hauptsache ist doch, irgendwer macht den Job.
   Aber wir reden die ganze Zeit von der Erde. Wie wirkt sich das alles eigentlich auf die anderen Planeten in unserem Sonnensystem auf? Die Sonne beeinflusst mit ihren Eruptionen ja sicherlich nicht nur die Erde.

Die Energie auf allen Planeten in eurem Sonnensystem erhöht sich.

Irgendwer hat mal gesagt, dass die Energie der Sonnenwinde genauso ist wie die der Radioaktivität.
   Stimmt das?

Die Geschwindigkeit der Teilchen ist bei diesen Energien gleich. Die Geschwindigkeit der Energie, die euch umgibt, nimmt immer mehr zu. Die Frequenz wird höher.

Wenn ihr euer Bewusstsein an die neue Frequenz anpasst, schwingt ihr mit der neuen Energie. Wenn ihr starr bleibt, in eurer langsamen Energie, werden euer Körper und euer Bewusstsein damit überfordert sein.

Und auch Radioaktivität kann euch nichts anhaben, wenn ihr eure Schwingung anpasst.

Ah, dann kann die Geschichte von den Nonnen doch wahr sein.

Welche Geschichte meinst du?

Es gibt eine Erzählung von einer Gruppe von Nonnen, die sich während des Abwurfs der Atombombe auf Hiroshima mit Gott verbunden haben. Sie haben sämtliche Ängste ausgeblendet und sich nur mit dem Licht verbunden. Diesen Nonnen ist nichts passiert. Sie haben überlebt, und ihre Körper wiesen keinerlei Strahlungsschäden auf!

Licht ist ja schnell. Ich meine, vielleicht konnte die Radioaktivität ihnen nichts anhaben, weil sie sich mit der schnellen lichten Energie verbunden haben.

Genau so könnt ihr euch das vorstellen. Wenn ihr euch mit dem Licht, mit der Schöpferkraft, mit Gott, oder wie immer ihr es nennen wollt, verbindet, dann wird euch die neue Energie erheben. Tut ihr es nicht, werdet ihr vielleicht krank.

Eure Körper werden krank. Jede Krankheit am Körper ist nur eine Krankheit im Bewusstsein. Sie ist das Versäumnis, sich auf eine lichte Energie einzuschwingen. So kann auch jede Krankheit auf zellulärer Ebene geheilt werden. Ihr braucht dazu weder Medikamente noch Messer.

Die Heilung liegt im Zulassen der neuen Energie.

Ich habe nun doch noch eine Frage zum Dimensionswechsel. Ihr sagt, dass beim Übergang die Möglichkeit besteht, dass unser Bewusstsein in den Keller sackt. Aber viele Menschen gehen sogar davon aus, dass es zu Katastrophen in der physischen Welt kommt. Sie legen sich Feuerholz, Kerzen und Vorräte an, damit sie eine Weile überdauern können.

Ist das wirklich notwendig?

Globale Katastrophen stehen nicht zu erwarten, die Beeinträchtigungen werden diffizilerer Art sein. Es geht schließlich nicht um eure Auslöschung, sondern um die Hinführung zu eurer Schöpferkraft, die aus einem neuen Bewusstsein für euer Leben und eure Welt entsteht.

Allerdings: Bei sehr starken Sonneneruptionen ist die Magnetosphäre um die Erde so sehr gestaucht, dass einige eurer Satelliten, die sich normalerweise innerhalb dieser Zone befinden, nun außerhalb liegen. Die Satelliten sind dann direkt den Sonnenstürmen ausgesetzt. Die Eruptionen der Sonne haben nicht nur Einfluss auf euer Bewusstsein, sondern diese Teilchenwolken, die auf die Erde zurasen, können auch diese Satelliten beschädigen. Das heißt, es kann zum Beispiel zu Störungen bei Ortungsdiensten führen.

GPS und Navi?

Genau. Ihr habt auch Satelliten für eure Telekommunikation. Hier kann es ebenfalls zu Ausfällen führen – und zu Stromausfällen.

Es geht also gar nicht um ein paar Tage, in denen unser Bewusstsein im Keller ist. Es betrifft einen wesentlich längeren Zeitraum. Wie sinnvoll ist es denn, sich mit Vorräten und Kerzen auszustatten?

Ihr könnt eure Vorkehrungen so betreiben, wie ihr es mit einer Haftpflichtversicherung macht. Ihr könnt euch einen kleinen Vorrat an Lebensmitteln anlegen. Wenn ihr das macht, habt ihr das Gefühl, sicher zu sein. Wie bei euren Versicherungen.

Ihr kennt das, nicht wahr? Wenn ihr keine Versicherung habt, kommt ihr leichter in die Angst, was alles geschehen könnte, wenn sich etwas Unerwartetes ereignet. Ihr malt euch dann aus, welche Kosten bei welchem Ereignis auf euch zukommen könnten. Seid ihr jedoch versichert, macht ihr euch keine Gedanken um Eventualitäten. Ihr wisst, dass die Versicherung zahlt, wenn ein Ernstfall eintritt. Ihr fühlt euch sicher. Ihr denkt nicht an unschöne Ereignisse und erschafft sie somit auch nicht.

Ähnlich ist es mit möglichen Ausfällen in der Telekommunikation, im Stromnetz oder bei den Ortungsdiensten. Wenn ihr euch einen kleinen Vorrat an Lebensmitteln anlegt, fühlt ihr euch sicher. Ihr wisst dann, dass selbst, wenn eure Region von einem Stromausfall betroffen sein sollte, euch nicht wirklich etwas geschehen kann. Ihr habt vorgesorgt. Ihr werdet nicht verhungern. Dadurch, dass ihr euch sicher fühlt, denkt ihr kaum an mögliche Katastrophen, und es ist umso wahrscheinlicher, dass ihr kaum oder gar nicht betroffen sein werdet.

Das ist ein schöner Tipp von euch. Danke.

Wenn ich das Ganze richtig verstehe, bräuchten wir also gar keine Vorräte, wenn wir hundertprozentig im Vertrauen wären. Wenn wir jedoch nicht hundertprozentig im Vertrauen sind, dann ist es ratsam, sich diese Vorräte anzulegen, damit wir uns wieder sicher fühlen. So reduzieren wir die Wahrscheinlichkeit, von den Auswirkungen betroffen zu werden, und sollten wir doch betroffen sein, wird es nicht weiter schlimm sein.

Das ungünstigste Verhalten, das ihr bei jeder Art von Dimensionswechsel und Bewusstseinswandel an den Tag legen könnt, ist, in die Angst zu gehen. Wenn ihr das Horten von Gütern als einzigen Ausweg betrachtet, seid ihr in der Angst

und nicht im Vertrauen. Wenn ihr in der Angst seid, erschafft
ihr euch Situationen, die euch noch mehr ängstigen.

Und so weiter ...

Es geht also nur darum, nicht in einen hysterischen Kreislauf zu gelangen? Das leuchtet mir ein. Ihr wollt damit sagen, dass es eigentlich gar nicht nötig ist, sich angesichts der Veränderungen in uns und auf der Welt vor etwas zu schützen, aber wenn es uns hilft, um keine Angst zu bekommen, ist es ratsam. Dann können zum Beispiel Vorräte unsere Hausratsversicherung sein. Sie unterstützen unser Vertrauen und unser Sicherheitsbedürfnis. Das ist ein schöner pragmatischer Tipp von euch. Herzlichen Dank dafür.

Ich werde jetzt darüber nachdenken, ob ich eine solche Versicherung wirklich brauche.

arf ich euch noch etwas fragen?

Jederzeit.

Wenn wir alle schon Lichtnahrung zu uns nehmen würden, dann hätten wir das Problem mit der Versorgung in kritischen Zeiten doch gar nicht. Zumindest nicht, was die Nahrung angeht. Ich meine, dann könnten wir Licht doch einfach in die von unserem Organismus benötigte Energie umwandeln.

Wie steht ihr dazu? Ich habe das mal ausprobiert, aber es hat mich nicht wirklich überzeugt.

Wie hast du Lichtnahrung denn ausprobiert?

Ich habe nicht dieses brutale Programm von Jasmuheen gemacht. Sie lebt ja seit Jahrzehnten ohne feste Nahrung und hat so ein Programm zur Gewöhnung entwickelt. Das fand ich immer schlimm. Ich glaube, dieser Prozess dauert 21 Tage, an denen man weder essen noch trinken darf. Danach hat man es wohl angeblich geschafft, sich von Prana, also kosmischer Energie, zu ernähren. Es scheint zu klappen, aber die Details weiß ich nicht mehr – und inzwischen hat sie auch einen sanfteren Weg entwickelt.

Aber damals gab es den noch nicht, und diese Brachialmethode war nichts für mich. Ich hatte einen angenehmeren, bequemeren Weg gewählt. Es gibt in Berlin ein Institut von Chinesen, die Energieübertragungen anbieten. Sie übertragen die Energie, um in den sogenannten Bi Gu-Zustand zu kommen. Bi Gu-Zustand bedeutet, dass man sich von kosmischer Nahrung ernährt. Sie unterscheiden auch nach verschiedenen Stufen, je nachdem, ob man noch trinkt oder noch kleine Mengen isst. Das hörte sich für mich viel entspannter an. Ich habe mir Online-Videos angeschaut und entsprechende CDs gehört.

Diese Methode ist mehrere tausend Jahre alt. Sie setzt zunächst eine Umstellung der Nahrung voraus, damit man sich ganz oder teilweise von kosmischer Energie ernähren und entsprechend auf irdische Nahrung verzichten kann. Man kann Bi Gu phasenweise oder immer praktizieren.

Nun ja, es gibt indische Yogis und inzwischen auch hier in der westlichen Welt einige Menschen, die sich von

Prana ernähren. Ich wollte das einfach mal ausprobieren. Man sagt ja, dass der Körper sich dabei nachhaltig entgiftet und das Energieniveau des Organismus schnell und dauerhaft erhöht werden kann. Außerdem soll die Seele dabei erwachen und sich entwickeln. Man ist ja dann ganz unabhängig von jeglicher materieller Zufuhr, die Bedürfnisse sind reduziert. Ich fand das spannend, auch wenn ich nicht vorhatte, das dauerhaft zu machen. Ich wollte einfach mal wissen, ob es funktioniert. Fastenerfahrung habe ich ja. Dabei war es immer so, dass, je länger die Fastenperiode dauerte, mein Bedürfnis nach Nahrung fast vollständig verschwand und ich extrem klar im Kopf wurde. Meine Neugier, was bei Bi Gu passiert, war daher sehr groß.

Ich habe mir halt diese CDs angehört, und ich hatte auch wirklich keinen Hunger mehr. Durst hatte ich noch. Ich glaube, ich hätte da weitermachen können. Aber nach drei Tagen wollte ich nicht mehr. Ich hatte ja schon mal zehn Jahre nur von Rohkost gelebt. Dabei hatte ich mich gesellschaftlich ein Stück weit ausgegrenzt. Das wollte ich nicht noch einmal machen. Außerdem esse ich sehr gern.

Aber ich habe nun ein Gefühl dafür, dass es zumindest möglich ist, sich von Prana zu ernähren. Es würde mir keine Angst mehr machen, wenn jemand sagen würde, dass es ab morgen keine Nahrungsmittel mehr gibt. Ich habe ja noch die CDs im Schrank ... hahaha.

Ihr esst auch nicht mehr, oder?

Wir nehmen keine materielle Nahrung mehr zu uns, nein.
In den nächsten 10.000 Jahren werdet ihr das Essen und
Trinken ebenfalls alle einstellen. Es wird euch nicht schwer
fallen, denn ihr werdet bemerken, dass ihr euren Energiebe-
darf auch aus anderen Quellen decken könnt.

Das ist dann auf jeden Fall auch besser für die Tiere. Wir schlachten die Tiere ab und tun so, als ob sie
keine Seele hätten. Das ist so krass, wenn man es sich
bewusst macht.

Auch das ist ein Entwicklungsprozess eurer Seelen. Genauso
wie die Kriege, die ihr führt. Beides wird immer weniger.
Es wird für euch bald keinen Sinn mehr machen, Tiere zu
schlachten oder Kriege zu führen.

Das freut mich. Es freut mich zu wissen, dass das, was
ist, auch seine Berechtigung in der Entwicklung unserer
Seelen hat. Und es freut mich zu wissen, dass es sich
transformiert.

Mit der Lichtnahrung ist es dann wohl so wie mit der
freien Energie? Wenn wir die bereits nutzen würden,
würde uns so ein Ereignis wie der Dimensionswechsel
gar nicht stören?

Was weißt du über freie Energien?

Na ja, es gibt Kleinstpartikel ohne Masse, die enorm viel Energie geladen haben. Wir nennen sie Tachyonen, und sie bewegen sich mit Überlichtgeschwindigkeit durch den Raum. Wenn sie so schnell fliegen, dann verfügen sie über keine Energie. Wenn sie jedoch gebremst werden und ihre Geschwindigkeit abfällt, dann erzeugen sie ein Energiefeld von hoher Dichte. Diese Felder haben auf unseren Organismus eine positive Wirkung. Sie bereichern unser Energiesystem und wirken reinigend.

Das versucht man bereits zu nutzen durch sogenannte Tesla-Platten, die nach ihrem Erfinder Nicola Tesla benannt sind. Ich habe einen ganzen Haufen solcher Platten bei mir in der Wohnung. Sie enthalten angeblich die Ur-Informationen, die jedes Lebewesen für seine Existenz benötigt.

Diese Platten werden nach einem bestimmten Verfahren hergestellt. Bevor eine Platte tachyonisiert ist, also zu einer besonderen Platte verarbeitet ist, fliegen die Tachyonen, also diese Kleinstteilchen, die ich eben erwähnt habe, durch die Platte hindurch. Die Platte kann die Teilchen nicht aufhalten. Diese Teilchen können kilometerweit durch Materie fliegen. Sie werden dabei weder ausgebremst, noch stoßen sie an irgendetwas.

Wenn man aus diesen Aluminiumplatten nun Tesla-Platten hergestellt hat, enthalten die Platten ein Magnetfeld. Das Magnetfeld bremst diese Teilchen.

Durch das Abbremsen erzeugen die Teilchen ein Feld hoher energetischer Dichte. Die Platten sind also energetisch aufgeladen.

Wenn man diese Platten bei sich trägt, kann man sich mit der Ur-Energie verbinden. Der Körper wird dann gestärkt. Es gibt aber auch Versuche, bei denen genau diese Energie für technische Geräte genutzt wird. Am berühmtesten ist wohl das Tesla-Auto. Nicola Tesla hatte ein Auto konstruiert, das komplett ohne äußere Energiezufuhr fahren konnte.

Nun ja, unsere Wissenschaftler haben da nicht weitergeforscht. Wohl aus finanziellen Interessen. Offiziell zumindest nicht. Wer will schon Autos oder Maschinen, die weder Sprit noch Strom benötigen?

Auch hier können wir dir versprechen, dass das Wissen von Nicola Tesla wieder ausgegraben wird. Eure Wissenschaftler werden sich zunehmend mit freien Energieformen beschäftigen.

Ihr werdet die freien Energien nutzen können. Ihr werdet Heilungskammern errichten, in denen freie Energie so verdichtet ist, dass schon kurze Verweilzeiten ausreichen, um euren Organismus zu heilen. Außerdem werdet ihr Methoden finden, wie ihr Maschinen, Autos, euren gesamten

Energiebedarf für Technik überhaupt, komplett aus freier
Energie speisen könnt.

Es war wichtig, dass ihr bereits um diese Energieformen
wisst. Nutzen werdet ihr sie in der nächsten Dimension.

O Mann, das beruhigt mich. Irgendwie hatte ich immer den Eindruck, dass wir mit allem nicht schnell genug sind. Eigentlich hätten unsere Wissenschaftler es ja hinkriegen können mit der freien Energie, wenn sie weiter daran geforscht hätten. Aber okay, es sollte eben noch nicht sein. Ich habe ja ein paar Teslaplatten zu Hause. Ich kann damit zwar meinen Herd nicht anmachen, aber ich kann sie am Körper tragen und diese Energiezufuhr nutzen.

Und es gibt noch so viele andere Möglichkeiten, sich auf die Neue Zeit einzustellen, wie beispielsweise das Meditieren. Muss gar nicht lang sein. Wenn man nur regelmäßig meditiert, habe ich gemerkt, wirkt das schon wahre Wunder. Man verliert jede Angst, wird besonnener und kraftvoller. Ich glaube, das kommt daher, dass dabei das ganze Energiesystem gestärkt wird. Meine Angst ist jedenfalls weg. Ich fühle mich sehr im Vertrauen.

Wisst ihr, das Ganze kommt mir vor wie eine OP. Diese wundervolle Zeit jetzt. Ich hatte neulich mal eine Mini-OP. Davor hatte ich richtig große Angst. Ich hatte Angst vor der Narkose, dem Bewusstseinsverlust. Am

Ende bin ich dann doch wieder ganz normal aufgewacht. So ähnlich ist es auch mit der Zeitenwende, glaube ich. Mal kurz das Bewusstsein runterfahren, aber am Ende wachen doch alle putzmunter wieder auf. Es bleibt nicht mal eine kleine Narbe.

Ich bin sicher, dass wir es gut überstehen werden, jeder Einzelne von uns. Ihr habt mir sehr geholfen, ins Vertrauen zu gehen. Herzlichen Dank dafür.

Übrigens habe ich jetzt Zeit *und* Geld. Und meine Freundin ganz genauso. Wir haben das erst mal mit einem schönen Urlaub gefeiert. Wir erzählen uns auch nicht mehr jeden Tag, dass wir Zeit und Geld haben. Das ist nicht mehr nötig, weil es für uns ganz selbstverständlich geworden ist. Wir zweifeln es gar nicht mehr an. Wir wissen einfach, dass es von jetzt an immer so sein wird.

Wir freuen uns mit dir und danken dir für deine Aufmerksamkeit. Es hat uns viel Freude bereitet, dir deine Fragen zu beantworten. Und du genauso wie alle, die uns zugehört haben, sollen wissen: Wir sind immer bei euch! Wir sehen eure Fortschritte und beobachten die Geschehnisse auf der Erde. Wir wissen, dass alles gut wird. Wir haben den Dimensionswechsel bereits vor euch gemacht. Wir wissen um das Chaos, das vor der Ruhe herrscht.

Gewitter reinigt die Luft?

So ähnlich kannst du es dir vorstellen. Wir wissen, dass bald alles in seine Ordnung kommt. Eure Seelen sind geschützt. Ihr seid genau zur richtigen Zeit am richtigen Ort.

Eure Seelen vollziehen gerade einen besonderen Sprung – einen Quantensprung im Bewusstsein. Das ist ein großes Geschenk für jede Seele. Es ist ein Geschenk der Liebe, ein Geschenk des allumfassenden Geistes an jede einzelne Seele, die für den Wechsel bereit ist.

Auf euch wartet eine wundervolle Neue Zeit. Ihr werdet neue kosmische Gesetze kennen lernen, und euer Seinszustand wird zunehmend leichter und beseelter sein.

Wir laden euch ein, in unsere Dimension zu kommen. Ihr habt Freunde auf dieser Seite. Kommt uns besuchen.

Danke! Ja, wir werden zu euch kommen, ihr Lieben. Ich freue mich schon darauf.

Wir freuen uns auf euch!

Marlies Pante

Geboren im Jahr 1968, wuchs sie mit zwei jüngeren Geschwistern in einer ostwestfälischen Kleinstadt auf. Nach dem Abitur erlernte sie einen kaufmännischen Beruf und studierte anschließend erfolgreich Mathematik, Germanistik und Theologie in Paderborn. Sie verzichtete zunächst auf eine Anstellung im Lehramt und wagte den Schritt in die Selbständigkeit. Zwanzig Jahre lang stand sie bei sich selbst auf der Lohnliste. Unter anderem führte sie ein modernes Antiquariat sowie einen Online-Shop für Esoterik-Artikel. Mit fünfzig wiederholte sie schließlich das Referendariat und unterrichtet seitdem begeistert an einer Grundschule am Niederrhein.

Ihr Interesse an Spiritualität wurde schon früh durch eine innere Stimme geweckt. Das führte auch bald zu einer Verbindung mit geistigen Wesen. Sie hatte sich bereits seit 1984 mit alternativen Heilmethoden beschäftigt und entwickelte nun gemeinsam mit Freundinnen nach Anweisungen durch die Geistwesen eine Form der Quantenheilung, die sie seitdem erfolgreich praktiziert. Und noch immer spürt sie, dass sie neu gewonnenes Wissen nicht für sich behalten darf, sondern mit anderen Menschen teilen muss.

Bei AMRA erschienen von ihr bisher drei Bücher mit gechannelten Botschaften der Arcturianer, »Reine Liebe erwartet Dich!«, »No Limits! Willkommen in der Schöpferkraft« und das Heilungsbuch »Das Große Erwachen«. Für das vorliegende Buch »Der Himmel auf Erden« ergriffen die Hathoren das Wort, geistige Wesenheiten, die vor langer Zeit von den Arcturianern zur Unterstützung der Menschen in unser Universum eingeladen worden sind.

Eine Leseprobe aus dem Buch

VOM ABENTEUER, ALS INDIGO- ODER KRISTALLMENSCH ZU LEBEN

Alle darin enthaltenen Botschaften
der Hathoren,
gechannelt von Celia Fenn

Ein Leben voller Wohlwollen, Dankbarkeit und Großzügigkeit

Wir sind die Wesen, die als Hathoren bekannt sind, und wir grüßen euch am heutigen Tag.

Wir sind eine aufgestiegene Rasse, die in euer Schwingungsfeld gekommen ist, um euch bei eurem eigenen Prozess des Aufstiegs und der Evolution zu unterstützen. Ihr könnt uns als ältere Schwestern betrachten, denn das sind wir wirklich. Wir sind ein Teil eurer Familie, und wir freuen uns über jeden Schritt, den ihr auf dem Pfad eures Aufstiegs geht.

Wir bieten euch Ratschläge an, die auf unseren eigenen Erfahrungen beruhen, doch wissen wir natürlich, dass die Entscheidung immer bei euch liegt. Ihr als Menschen, die zu multidimensionalen Wesen aufsteigen, müsst euch den Weg selbst erschaffen, der euch nach vorne führt. Wir ehren euch dafür.

Wir sind eigens gekommen, um mit den Wesen zu arbeiten, die als Kristallkinder und Kristallerwachsene bekannt sind, und wollen ihnen dabei helfen, sich und ihre Begabungen voll zum Ausdruck zu bringen.

Unser Thema dreht sich heute um die Rückkehr von Schönheit, Harmonie und Liebe auf den Planeten. Wir haben schon früher mit den Menschen gearbeitet, um diese Qualitäten in euer Schwingungsfeld zu bringen, denn wir sind Meister der Liebe und harmonischer Zusammenklänge von Energien.

Im alten Ägypten erschienen wir als Göttin Hathor, die Schönheit und Liebe verkörperte, und in diesem Rahmen arbeiteten wir auch mit den alten Ägyptern zusammen. Weil ihr nun aber zu multidimensionalen Wesen aufsteigt, erkennen wir euch als gleichgestellt an und grüßen voller Freude und Ehrfurcht den Gott und die Göttin in jedem von euch.

Der Planet ist nun soweit, die Schwingungen der Liebe, Harmonie und Schönheit zu aktivieren. Wir arbeiten im gesamten Spektrum harmonischer Klänge und Schwingungen, die es im Universum gibt. Derzeit konzentrieren wir uns auf die Strahlen von Gold und Magenta. Wir legen euch daher ans Herz, kreativ tätig zu werden und damit zu beginnen, die Schwingungen der Liebe und Schönheit in eurem Leben wachzurufen. Macht euch klar, dass durch das Gesetz der Resonanz diese Schwingungen sich exponential ausbreiten, wenn immer mehr von euch versuchen, sie in ihrem persönlichen Energiefeld zu halten.

Vielleicht fragt ihr euch: »Wie erschaffe ich Liebe und Schönheit? Wie macht man das?« Wir möchten euch mit einem einfachen, harmonischen Mantra antworten, mit dem ihr eure Arbeit beginnen könnt. Man kann es sich leicht merken:

Führt ein Leben voller Wohlwollen,
Dankbarkeit und Großzügigkeit.

Dieses Mantra ist wirklich hilfreich, um einen Zugang zu den Schwingungen der Liebe und Schönheit zu bekommen. Wohlwollen beinhaltet Mitgefühl und Vergebung. Versteht, dass ihr alle auf eure ganz persönliche Weise nach Glück und Erfüllung strebt, und wenn euch andere enttäuschen, seid bereit, ihnen zu vergeben und eure Enttäuschung loszulassen. Vermeidet es, euch zu ärgern. Tut ihr es doch, verurteilt euch nicht, sondern befreit euch von eurem Ärger und macht ihm auf ungefährliche und aufbauende Weise Luft, dann kehrt auf den Weg der Liebe und Schönheit zurück, sobald er sich euch eröffnet.

Lebt euer Leben in Dankbarkeit. Wisset, dass jede Erfahrung, die ihr macht, ein Geschenk der Liebe ist. Versucht, jede eurer Erfahrungen auf diese Weise zu sehen, und sucht nach dem Geschenk, das in der Erfahrung steckt. Verfallt nicht in Angst, denn dies erzeugt Ärger, Frustration, Schmerz und Schuldgefühle. Bemüht euch vielmehr, fest in dem Gefühl der Dankbarkeit verankert zu bleiben für alles, was euch im Leben begegnet. Dadurch entfaltet sich eure Schönheit immer mehr und wird tiefer und strahlender.

Großzügigkeit ist ein weiterer Schlüssel zur Schwingung der Liebe.

Im Universum herrscht Überfluss, und es ist großzügig. Ihr müsst nur einmal den sternenübersäten Nachthimmel betrachten oder versuchen, die Sandkörner an einem Strand zu zählen, um zu wissen, dass Überfluss ein universelles Gesetz ist. Nutzt eure Ressourcen weise, voller Mitgefühl und in Dankbarkeit, doch wisst, dass bei der Schwingung der Liebe das Angebot stets die Nachfrage übersteigt. Ihr alle werdet tief geliebt, und das Universum unterstützt euch.

Und schließlich bitten wir euch inständig, eure Kinder zu lieben und für sie zu sorgen. Die Schwingung der Liebe ehrt und freut sich über jede kostbare Seele, die in menschlicher Gestalt inkarniert, um das Abenteuer der materiellen Verkörperung anzutreten. Wir bitten euch innig, die Liebe und Schönheit in jedem Kind zu sehen, das eurem Planeten geschenkt wird. Erst wenn ihr dazu im Stande seid, kann wirklich von euch gesagt werden, dass ihr den Weg der Liebe und Schönheit gefunden habt.

Er ist leicht erreichbar, ihr Lieben, wenn ihr ungeachtet all des Chaos, das ihr gerade um euch herum erlebt, euren Schritten eine klare Ausrichtung gebt.

Über neue Beziehungsmuster
der Sexualität

Liebste Familie,

wir nennen euch so, weil ihr uns in eurem Prozess des Bewusstseinsaufstiegs immer näher kommt und uns ähnlicher und ähnlicher werdet.

Erst ein einziges Mal waren wir euch so nahe, als wir mit euch im alten Ägypten arbeiteten. Damals wie heute handelten unsere Lehren von Schönheit, Liebe und Seelenkraft. Kosmische Sängerinnen und Tänzerinnen sind wir, und wir kommen zu euch, um euch zu lehren, wie ihr eure sexuelle Energie auf eine Weise kanalisieren und zum Ausdruck bringen könnt, die schön und kreativ ist und euch zum gegenwärtigen Zeitpunkt eurer Entwicklung eher entspricht.

Wir möchten, dass ihr versteht, dass ihr Wesen voller Schöpferkraft seid und dass eure sexuelle Energie ein wesentlicher Teil dieser Schöpfungskraft ist. Der Venus-Transit vor Jahren hat das Thema Sexualität in eurem Leben noch präsenter werden lassen als zuvor. Es ist seitdem an der Zeit, alte Muster aufzugeben, die sich noch im kollektiven Bewusstsein befinden, und sie durch neue Muster zu ersetzen, die eurem derzeitigen Stand der Entwicklung angemessener sind. Darüber möchten wir jetzt zu euch sprechen.

Seit vielen tausend Jahren befindet sich eure sexuelle Energie aus kulturellen Gründen im Ungleichgewicht. Erst lebtet ihr in einer Gesellschaft, in der die Frauen dominierten, in einem Matriarchat.

Dann, und das ist noch gar nicht so lange her, wechseltet ihr zu einer Gesellschaft, in der die Männer dominieren, in ein Patriarchat. Beide Formen kulturellen Zusammenlebens beruhen auf Macht, der Macht, die eine Gruppe über eine andere hat, durch das Geschlecht definiert.

Und so gibt es in eurem genetischen Gedächtnis und der Akasha-Chronik viele Geschichten von Vorherrschaft und Kontrolle und ungesunde oder unausgewogene Muster von Missbrauch und der Schaffung von Opfern.

Seit der letzten Phase der kulturellen Entwicklung, dem Patriarchat, haben die Männer die Macht und beherrschen die Frauen und Kinder. Dies hat zur Entwicklung von Kulturen geführt, in denen die Männer die absolute Kontrolle über das Leben von Frauen und Kindern besitzen, wie im Mittleren Osten. In den entwickelteren Ländern ist die Kontrolle subtiler und weniger offensichtlich. Doch selbst in diesen Gesellschaften finden sich Probleme wie Pornographie und der sexuelle Missbrauch von Frauen und Kindern. In einigen Fällen werden sogar Babys vergewaltigt und Kinder in bitteren Machtspielen sexuell gequält.

In der westlichen Welt liegen diese Machtmuster über andere und die Archetypen des Missbrauchenden und des Opfers tief im kollektiven Bewusstsein vergraben und sind dort leider mit Liebe und Spiritualität verknüpft. Wie kann das sein? Ihr fragt euch möglicherweise, was denn sexueller Missbrauch bitteschön mit Spiritualität und Liebe zu tun haben soll?

Nun, wenn ihr einige hundert Jahre zurückblickt, stoßt ihr auf eine Zeit in der christlichen Welt, in der männliche Priester und Geistliche sogenannte Hexen verfolgten und folterten, die oft als Heilerinnen und Lehrerinnen den vermeintlich heidnischen oder Wikka-Religionen angehörten. Diese Verfolgung geschah im Namen des Christentums, und damit wurde ihr ein spiritueller Wert beigemessen. Folter und Mord geschahen, um angeblich die Seelen der zu Hexen erklärten Frauen *zu retten* und *zu läutern*, indem man sie durch das Feuer reinigte.

Hinter diesem Geschehen stand sexueller Sadismus, bei dem zölibatär lebende Priester ihre unterdrückten und entarteten sexuellen Triebe an Frauen auslebten, die dadurch zu ihren Opfern wurden. Noch viele Jahrhunderte später haben Themen wie Pornographie und sexueller Missbrauch, die in euren Gesellschaften so weit verbreitet sind, ihre Wurzeln in dieser Zeit.

Erinnerungen an vergangene Leben voll intensiver körperlicher Empfindungen sexueller Qualen und verzerrter Lust existieren heute noch in den kollektiven Gedächtnisspeichern. Selbst in der Gegenwart zeichnet sich euer Kulturkreis dadurch aus, dass ihr diese Dramen weiter ausspielt, um die Abhängigkeiten eurer Seele von diesen intensiven, mit sexueller Lust aufgeladenen Erfahrungen aufzulösen.

In der afrikanischen, arabischen und in vielen östlichen Kulturen, oft auch in Gegenden, wo eine muslimische Kultur vorherrscht, sind sexueller Sadismus und Missbrauch ebenso gegenwärtig, vor allem in der grausamen Praxis der Verstümmelung weiblicher Genitalien, Beschneidung genannt. Bei diesem Brauch wird der Frau bereits in einem sehr jungen Alter, gewöhnlich mit zwölf Jahren, die Fähigkeit genommen, sich an normaler körperlicher sexueller Lust zu erfreuen.

Auch diese Form der Vorherrschaft und des Missbrauchs wird im Namen von Tugend und Spiritualität praktiziert. Was für ein trauriger Ort ist euer Planet geworden, der im Grunde doch so sehr bereit ist für Veränderungen und Wandel, so sehr bereit, mit dem

Prozess zu beginnen, gesündere und liebevollere Formen der Sexualität zuzulassen.

Bitte versteht unsere Worte richtig, wir kritisieren oder verurteilen niemanden. Wie ihr wisst, gibt es in diesen selbst erschaffenen Dramen keine »Opfer«, denn ALLE Beteiligten sind verantwortlich für diese Energien und müssen sich auch daran beteiligen, sie wieder ins Gleichgewicht zu bringen. Und damit meinen wir wirklich alle von euch.

Nicht nur die Sexualität ist davon betroffen, auch die Liebe. Es ist so schwierig für ein Paar, seine Liebe im Bereich der Sexualität ausgewogen zum Ausdruck zu bringen.

Es gibt in eurer Kultur so viele Vorstellungen und Geschichten, die darauf bestehen, dass einer den anderen zu beherrschen hat und es in einer Beziehung das *Recht* gäbe, Sex vom anderen einzufordern.

Selbst als Liebende ist es oft schwierig für euch, liebevoll und ausgewogen mit diesen Fragen umzugehen. Wir sehen, dass so viele von euch mit diesen Themen und den Resten der Konditionierung aus vergangenen Leben zu kämpfen haben.

Der Ausgleich männlicher und weiblicher Energien

In einer patriarchalen Kultur bringen nicht nur die Männer das Gleichgewicht der Energien durcheinander, jeder macht es. Auch in vielen Frauen sind heutzutage männliche Energien dominant, und es wäre wichtig, dass diese Frauen sich wieder mit ihren inneren weiblichen Energien verbinden.

Diese Dominanz ist ein Ergebnis des Feminismus in eurer Kultur, der die Frauen von vielen Zwängen befreit und es ihnen ermöglicht hat, ihr Potenzial auch in Bereichen zu entwickeln, die ihnen zuvor verschlossen waren. Es führte allerdings dazu, dass viele Frauen zu maskulin wurden. Ein weiteres Ergebnis des Feminismus ist gewesen, dass sich viele Männer der westlichen Kulturen bemühten, wieder mit ihren inneren weiblichen Energien Kontakt aufzunehmen, und sie wurden in der Folge zu feminin und passiv. So entstand ironischerweise ein neues Ungleichgewicht, bei dem die Frauen oft zu maskulin und die Männer oft zu feminin sind.

Der Schlüssel dazu, wie alle Individuen wieder ins Gleichgewicht gelangen können, liegt darin, die inneren männlichen und weiblichen Energien ins Gleichgewicht zu bringen, denn das würde ein neues Vorbild für das kollektive Bewusstsein schaffen, eines, das an die Stelle des alten Vorbildes treten kann.

Alle müssen mit der inneren männlichen Energie in Verbindung stehen. Es ist die Energie des spirituellen Kriegers und Anführers in euch. Es ist die solare Energie. Sie ist voller Ausstrahlung, stark, vertrauenerweckend, warm und ausdrucksstark. Es ist die Energie des Handelns. Sie sagt euch, wann ihr euch durchsetzen müsst, sie schenkt euch Selbstvertrauen und hilft euch, in der materiellen Welt zu bestehen. Sie ist aktiv und strömt nach außen.

Die weibliche Energie ist die lunare Energie. Sie ist sanft, empfänglich, weich, liebevoll und bedingungslos, aber auch sehr kraftvoll.

Dies ist die Energie des Seins. Sie ist passiv (im Sinne von friedlich) und strömt nach innen. Sie ermöglicht es euch, mit euch selbst und anderen ohne Wertungen umzugehen. Durch sie empfangt ihr kreative Ideen, die in euch geboren und dann an die männliche Energie weitergereicht werden, damit ihr sie in der materiellen Welt verwirklichen könnt.

In einem ausgeglichenen Individuum besteht ein ausgewogener Fluss zwischen handeln und sein, aktiv und passiv, männlich und weiblich. Dieses innere Gleichgewicht findet sein Spiegelbild in der äußeren Welt, wenn zwei Menschen, die ihre männlichen und weiblichen Energien in sich ausgeglichen haben, eine Beziehung eingehen und sie dann so gestalten können, dass sie harmonisch und liebevoll ist.

Eine ausgeglichene Beziehung ist eine, in der kein Partner den anderen beherrscht, weder spirituell noch mental und emotional oder in sexueller Hinsicht.

Beziehungen auf der Neuen Erde

Sie werden sich sehr von denen unterscheiden, die ihr jetzt kennt. Sie werden sanfter und spielerischer und zugleich auch weiser sein. Sie werden weniger tragisch und dramatisch sein, dafür fürsorglicher, umsorgender und kameradschaftlicher.

Ihr werdet zu der Einsicht gelangen, dass der Sinn einer Beziehung, von *allen* Beziehungen, darin besteht, sich aufeinander verlassen zu können, miteinander zu teilen, einander zu unterstützen und einander aus eurem eigenen Verständnis von Fülle und Ganzheitlichkeit heraus zu umsorgen.

Ihr werdet nach Beziehungen suchen, deren Grundlage eine Herzensverbindung und die Spiritualität sind, nicht so sehr körperliche und emotionale Anziehung. Auf der alten Erde bildeten körperliche Attraktivität und emotionale Bindung die Kriterien, an Hand derer ihr eine Beziehung eingegangen seid. Auf der neuen Erde werden eure Beziehungen im Herzen gegründet sein, im

Seelenleben, im Mitgefühl füreinander, in der inneren Verbindung zueinander, im gegenseitigen Respekt und in gegenseitiger Unterstützung.

Wir sehen voraus, dass sich viele Beziehungen zwischen Menschen verschiedener Altersgruppen entwickeln werden und auch zwischen Menschen verschiedener Kulturen, Beziehungen, die tief und bedeutungsvoll sein werden und früher doch nicht für möglich gehalten worden wären wegen der begrenzten Auffassung von dem, was im energetischen Rahmen der alten Erde unter einer Beziehung verstanden wurde.

Diese Beziehungen werden entspannt und glücklich sein und zugleich fähig, eine echte Tiefe und Intimität zu erreichen, weil die betreffenden Menschen ein größeres Interesse an der Seelenverbindung haben werden als an den äußerlichen Anzeichen einer Bindung.

Die Menschen werden miteinander teilen und füreinander sorgen, und doch werden beide Partner unabhängig und selbstbewusst im Leben stehen. Auf der neuen Erde kann es keine wechselseitige Abhängigkeit mehr geben. Ein ausgewogenes Kräftegleichgewicht ist von großer Bedeutung. Diese Beziehungen werden harmonisch und liebevoll sein, zwischen zwei gleich starken und fürsorglichen Personen. Es wird keine Überlegenheit mehr geben, keine Opfer, keine Dramen und keinen Missbrauch.

Die Menschen werden sich ihrer Beziehung verpflichtet fühlen und einander innerhalb der Beziehung helfen, sich weiterzuentwickeln. Das wird für alle Beziehungen so gelten, nicht nur für Liebesbeziehungen und Partnerschaften. Auch Freundschaften werden zu einer tieferen und bedeutungsvolleren Erfahrung werden, weil ihr verstehen werdet, dass ihr Seelenfamilien habt und dass eure Freunde oft nahe Seelenverwandte sind, die ebenfalls hier sind, um euch zu lieben und euch bei euren Aufgaben auf dem Planeten zu unterstützen. Wenn sich eure Beziehungen in diesem liebevollen und ausgewogenen Zustand befinden, wird die Sexualität auch liebevoll und ausgewogen sein.

Die Menschen werden wieder lernen, ihre schöpferischen und sexuellen Energien auf eine Weise zu feiern und zu genießen, die das Leben wunderschön macht und in die Ekstase führt.

Wir, die Hathoren, sind hier, um mit euch daran zu arbeiten und euch auf eurem Weg in die Welt der wahren Liebe freundschaftlich zu unterstützen.

Das Sternentor des Sirius

Im alten Ägypten, damals, als wir in Gestalt der Göttin Hathor mit den Menschen dort arbeiteten, wussten alle, dass die Zeit zwischen dem 22./23. Juli und dem 12. August etwas ganz Besonderes ist.

Man feierte sie in Ägypten als den Beginn des neuen Jahres. Sie zeichnete sich dadurch aus, dass der Sirius zusammen mit der Morgensonne aufging, was man den heliakischen Aufgang des Sirius nennt, und durch die alljährliche Überschwemmung des Nils, die dem Land reiche Ernte bescherte.

In eurer jetzigen Zeit könnt ihr diese besondere Zeit im Jahr nur noch daran erkennen, dass sich die Sonne in das Sternzeichen des Löwen bewegt. Nun, im alten Ägypten feierte das ganze Volk den heliakischen Aufgang des Sirius als Neujahr. Doch die Priester wussten, dass es damit wesentlich mehr auf sich hatte.

Der gemeinsame Aufgang von Sonne und Sirius am Morgenhimmel symbolisierte den gemeinsamen Aufstieg der Göttin Isis und des Gottes Ra, und das war ein astrologisches Ereignis von großer Bedeutung. So wussten die altägyptischen Priester auch, dass sich zur gleichen Zeit im Jahr die Sonne in das Sternzeichen des Löwen bewegt und sich für die Menschen der »Weg des Löwen« öffnet, was mit einer Phase des Fortschritts, der Weiterentwicklung und der Evolution gleichzusetzen ist.

Zu dieser Zeit öffnet sich nämlich im Bereich des Sirius alljährlich ein kosmisches Sternentor, und eine Flut kosmischen Lichtes ergießt sich wie ein Fluss über die Milchstraße und bringt eine Welle hochgeistiger Energie zur Erde. Sie aktiviert die Evolution auf allen Ebenen. Die Priester nutzten diese Zeit und hielten Zeremonien ab, die dieses kosmische Licht zur Erde führen sollten, damit in der Bevölkerung das Bewusstsein für das *Gesetz des Einen* wieder stieg, die Botschaft der Liebe unter den Menschen.

Wir bitten euch inständig darum, es der altägyptischen Priesterschaft nachzutun. Öffnet eure Herzen während dieser Zeit des Jahres und heißt diese Welle des kosmischen Lichts und der kosmischen Liebe willkommen, die dem Herzen der Großen Mutter entspringt und wie ein kosmischer Fluss die Galaxie der Milchstraße bis zur Erde hinunterströmt.

Es ist Göttliches Licht, das all denjenigen, die ihr Herz öffnen können, um es in Empfang zu nehmen, große Freude und inneren Reichtum bringt.

Es ist das Geschenk des Sternentores des Sirius und der Göttin Isis, der Großen Mutter.

Es ist diese Göttin, die in jeder und jedem von uns die urweiblichen göttlichen Energien zum Widerhallen und zum Erklingen bringt.

Die Geburt des Kristallplaneten

Die Energie, die jetzt euren Planeten erreicht, ist ein Segensgeschenk der Göttlichen Mutter und kommt aus dem Zentrum der Galaxie. Es ist eine kraftvolle und umwandelnde Energie, die von den Menschen auf eurem Planeten in der Vergangenheit durchaus auch schon für negative Zwecke eingesetzt und missbraucht wurde (ein solcher Missbrauch waren im Jahr 1945 beispielsweise die Atombombenexplosionen in Japan). Weil ihr nun aber am Erwachen seid und begonnen habt, mit den kosmischen Energien, die zu eurem Planeten fließen, verantwortungsvoll umzugehen, ist so etwas nicht mehr möglich.

Es gibt nun genügend Menschen unter euch, die in der Lage sind, die Energien durch ihr Wesen umzuwandeln und sie in Form von Liebe und Frieden an den Planeten weiterzugeben. Und so habt ihr ein Wunder gewirkt. Ihr habt es ermöglicht, dass der Kristallplanet Gestalt annehmen konnte.

Den Begriff Kristallplanet benutzen wir, um einen Planeten zu beschreiben, dessen Zusammenspiel von Licht und Klang in vollkommener Resonanz erfolgt, wie die vollendeten Facetten eines Kristalls.

Jede Dimension schwingt in absoluter Harmonie mit der nächsten, und der Planet selbst bewegt sich in multidimensionalem Gleichklang.

Zurzeit ist euer planetarisches Bewusstsein vorwiegend in der fünften Dimension angesiedelt, wobei es viele Einzelwesen gibt, die ihr Leben noch nach den Mustern des überholten dreidimensionalen Bewusstseins leben. Es gibt aber auch schon Menschen, deren Bewusstsein in die fünfte oder sechste Dimension hineinreicht und die damit begonnen haben, ihre eigenen Wirklichkeiten zu erschaffen. Seit sich das Sternentor des Sirius geöffnet hat, haben viele von ihnen auch die achte und neunte Dimension erschlossen.

Das ist wirklich ein Wunder, denn es bedeutet, dass das voll erwachte Christusbewusstsein, das sich ja auf der Ebene der neunten Dimension bewegt, jetzt als fester Bestandteil des planetarischen Zusammenspiels von Licht und Klang auf dem Planeten immer mit erklingt. Diejenigen, deren Bewusstsein in der neunten Dimension verankert ist, haben nun die Aufgabe, die höheren Frequenzen kosmischer Energie zu empfangen und an jene in den niedrigeren Dimensionen weiterzuleiten. Sie sind die *Hüter der Erde*, die das voll erwachte Christus- oder Kristallbewusstsein in sich tragen. Diejenigen unter euch, die ihr Bewusstsein zur neunten Dimension öffnen konnten und aktivieren gerade ihre wunderschönen *Kristallauras*, euer persönliches harmonisches Gitternetz, das sich mit dem energetischen *Gitternetz des Kristallplaneten* verbindet.

Diese harmonische Verschmelzung war auch im alten Ägypten bekannt. Der Geheimname dafür lautete der *blaue Nil* und der *weiße Nil*. Wenn sich diese beiden zu einem Gesamtstrom vereinigten, gab es Frieden und Reichtum im ganzen Land. Der *blaue Nil* stand für die fünfte und sechste Dimension und der *weiße Nil* für die siebte bis neunte Dimension. Das so geschaffene harmonische Gleichgewicht führte im alten Ägypten zur Blüte der ägyptischen Kultur, die Tausende von Jahren anhielt. Damals trug der Pharao die Schwingungen und auch das Bewusstsein der höheren Dimensionen in seinem Wesen. Heutzutage sind es diejenigen unter euch, die bereits ihren *kristallinen Lichtkörper* entwickelt haben. Sie werden mit der Aufgabe betraut, die Schwingungen und das Bewusstsein der höheren Dimensionen in sich zu bewahren und an den gesamten Planeten weiterzugeben.

Die Erschaffung dieser harmonischen, multidimensionalen Resonanz hat bereits viele Veränderungen auf dem Planeten und in eurem Leben bewirkt. Als die neuen harmonischen Klänge über alle Dimensionen hinweg ertönten, begannen die alten, sich aufzulösen. Dadurch fühlten sich mehr und mehr Menschen aufgefordert, die überholten Muster ihres Lebens und Denkens loszulassen und sich freudig den neuen Arten des Seins und des Bewusstseins zu öffnen.

Wir erinnern euch noch einmal daran, dass die Schlüssel dazu Liebe, Frieden und Schönheit sind. Die *neue Harmonie* auf einem Kristallplaneten bringt die Bereitschaft des Miteinanderteilens, ein Bewusstsein der wechselseitigen Abhängigkeit und der bedingungslosen gegenseitigen Annahme. Auf einem Kristallplaneten herrscht die Schwingung des Friedens vor, wodurch die alten Muster der Trennung und Disharmonie, die ihr während eures Exils in der Realität des dreidimensionalen Bewusstseins erschaffen habt, außer Kraft gesetzt werden.

Wir heißen die Bewohner des Kristallplaneten in der kosmischen Familie der Liebe und Einheit willkommen. Nach dem Gesetz der Einheit sind wir alle EINS in dem wundervollen ZUSAMMENKLANG der LIEBE und des FRIEDENS.

Voller Liebe sind wir eure Familie,

die Hathoren

Lesen Sie bitte auch die Botschaften von Erzengel Michael und der Kristall- und Regenbogenkinder im nebenstehenden Buch ...

VOM ABENTEUER, ALS INDIGO- ODER KRISTALLMENSCH ZU LEBEN

Über die Erschaffung globalen Friedens durch Liebe und Harmonie

gebunden, Leseband
192 Seiten, € 16,90

ISBN 978-3-939373-06-3

Was haben die Kinder von heute mit unserer globalen Krise zu tun?
Sie helfen uns, sie zu lösen. Indigos rütteln uns auf, Kristallkinder
sind Friedensstifter. Durch ihre große Verletzbarkeit und ihr soziales
Bewusstsein führen sie uns zu Liebe, Vergebung und Mitgefühl.

Woher kommen diese Kinder? Woran erkennen wir sie? Wie sollten wir
als Eltern, Erzieher und Lehrer mit ihnen umgehen? Und wie bewirken
sie unser persönliches Erwachen zu menschlichen Engeln und Kristall-
erwachsenen – auf der Ebene des globalen Bewusstseins?

Dr. Celia Fenn lebt in Kapstadt, Südafrika, als ausgebildete Therapeutin
mit Schwerpunkt Neue Kinder. Sie gibt ihr Wissen in zahlreichen Artikeln
und TV-Auftritten weiter und leitet ein Kinderhilfsprojekt in Sun City,
mit Suppenküche und sozialer Betreuung. www.starchildglobal.com
dokumentiert ihren unermüdlichen Einsatz.

Das erste Buch, das die Auswirkungen betrachtet, die das Schwingungs-
Potenzial der Neuen Kinder auf Familie und Gesellschaft hat.

»Mehr als ein Buch – ein Portal, ein Transportsystem, ein Umordnen des Geistes. Und lustig ist Gary auch noch!«
– *H. Ronald Hulnick*

Gary R. Renard
Als Jesus und Buddha sich kannten
Bericht über zwei mächtige Weggefährten
320 Seiten, gebunden, oranges Leseband
€ (D) 24,99 / € (A) 25,70 • ISBN 978-3-95447-246-8

Die Aufgestiegenen Meister Arten und Pursah sind zurück. Ihr neues Buch ergänzt die ursprüngliche Trilogie, bestehend aus *Die Illusion des Universums*, *Deine unsterbliche Realität* und *Die Liebe vergisst niemanden*. Es erkundet sechs Inkarnationen von Jesus und Buddha, in denen sie gemeinsam lebten.

Nie waren ihre Gespräche über die Realität des Lebens so relevant für die Gegenwart.

Gary R. Renard
Die Liebe vergisst niemanden
Antwort auf das Leben
288 Seiten, gebunden, rotes Leseband
€ (D) 22,99 / € (A) 23,70 • ISBN 978-395447-036-5

Keine Bewusstseinserfahrung ist machtvoller als die, wie es sich anfühlt, wenn wir eins sind mit der Quelle. Bestsellerautor Gary R. Renard lehrt, wie wir zu dieser Erfahrung gelangen können, die durch die Meister aller Zeiten und Kulturen der Menschheit beschrieben wurde – auf dem Weg der Vergebung.

Ein echter Kickstart
für spirituelles Empfinden.

Gary R. Renard
Deine unsterbliche Realität
*Wie wir durch wahre Vergebung
unsere Welt neu gestalten*
320 Seiten, gebunden, rotes Leseband
€ [D] 22,99 / € [A] 23,70 • ISBN 978-3-95447-193-5

Wie können wir unsere Realität frei und positiv gestalten? Wie können wir uns selbst und anderen verzeihen? Die Antwort ist eine Art Quanten-Vergebung, im Gegensatz zur herkömmlichen Variante. Sie ermöglicht einen neuen Umgang mit der Welt, außerhalb des zerstörerischen Kreislaufs von Schuld und Sühne.

Der Klassiker »Unsterblich« mit neuem Vorwort des Autors.

DVD und CD von Gary R. Renard auf www.AmraVerlag.de

Pavlina Klemm
Lichtbotschaften von den Plejaden Band 6
Leben in der fünften Dimension
224 Seiten, gebunden, oranges Leseband
€ [D] 19,99 • € [A] 20,60 • ISBN 978-3-95447-444-8

Die Plejader unterstützen uns im Kampf gegen Viren, binden uns an die Kraft der Sonne an, fördern den Lichtkörperprozess, führen uns in neue Zeitlinien und schaffen die Voraussetzung für den Einstieg in die Realität der Neuen Erde. Auch die aktuellen Botschaften enthalten wieder zahlreiche Übungen, aufgeladen mit positiver Energie. Ergänzt werden sie durch Meditationen zur Rückkehr unserer Gesundheit.

»Wir reinigen jetzt diese Realität. Wir gehen Schritt für Schritt mit euch voran.« – Die Plejader

mit Heilsymbol

Jetzt auch als Hörbuch-CD

Pavlina Klemm
Lichtbotschaften von den Plejaden Band 5
Dein Schlüssel zum Goldenen Zeitalter
224 Seiten, gebunden, oranges Leseband
€ [D] 19,99 / € [A] 20,60 • ISBN 978-3-95447-367-0

Das Bewusstsein der Menschheit wächst. Unaufhaltsam nähert sie sich dem Goldenen Zeitalter an. Eine Elite von Lichtwesen hilft bei der Realisierung und bei der Rettung unseres Planeten. Sie hat sich unter uns verteilt, weniger feinstofflich, so dass sie auch in Konfliktbereiche gehen können. Sie verbinden sich mit dem Licht und dehnen es in alle Dimensionen, Räume und Zeiten aus.

Vorwort von Jeanne Ruland

NEU

Pavlina Klemm & Sayama:
Übungs-CDs der Plejader

Heilung durch die kosmische Energie der Zentralsonne (CD 7)
78 Min; € [D/A] 19,99 • ISBN 978-3-95447-447-9

Meditationen und Übungen für das Goldene Zeitalter (CD 6)
78 Min; € [D/A] 19,99 • ISBN 978-3-95447-369-4

Rückholung verlorener Seelenanteile und Heilung von Mutter & Kind (CD 5)
78 Min; € [D/A] 19,99 • ISBN 978-3-95447-366-3

Klangmeditation zur Wiederanbindung der DNA-Stränge [Reiner Klang]
70 Min.; € [D/A] 19,99 • ISBN 978-3-95447-332-8

Hörproben aller CDs auf www.AmraVerlag.de

Whitley und Anne Strieber

DIE SEELE IM JENSEITS

Erleuchtung geschieht, wenn von uns nichts als Liebe übrig ist

Whitley & Anne Strieber
DIE SEELE IM JENSEITS
Erleuchtung geschieht, wenn von uns nichts als Liebe übrig ist
288 Seiten, gebunden, oranges Leseband
€ [D] 22,99 • € [A] 23,70 • ISBN 978-3-95447-358-8

Lebt unsere Seele nach dem Tod weiter? Als Anne Strieber starb, wollte sie dies ihrem geliebten Ehemann Whitley beweisen. Dazu folgte sie einem gemeinsamen Plan. Wer zuerst stirbt, kontaktiert den anderen zunächst nicht direkt, sondern über Freunde. Was daraus entstand, ist so überzeugend, dass der berühmte Jenseitsforscher Dr. Gary Schwartz dieses Buch als einen der besten existierenden Beweise für Jenseits-Kommunikation nach dem Tod bezeichnet.

»Was für ein spirituelles Juwel. Ich kann es nur wärmstens empfehlen.« – Pavlina Klemm

David Spangler
Techno-Elementale: Beseelte Technik
Warum wir mit unserem Auto reden können und unser Smartphone ein spirituelles Werkzeug ist
224 Seiten, gebunden, oranges Leseband
€ [D] 22,99 • € [A] 23,70 • ISBN 978-3-95447-425-7

Techno-Elementale sind feinstoffliche Wesen, die sich an der Technologie der Menschen ausrichten. Sie beleben Maschinen und Computer. Die Auswirkungen auf uns und die Gefahren und Chancen, die vor uns liegen, sind Thema dieses Buches. Um Techno-Elementale zu verstehen, müssen wir feinstoffliche Wesen als lebende Organismen sehen. Dabei werden wir in die Realität der uns umgebenden nicht-physischen Welt eingeführt.

David Spangler war Co-Direktor der berühmten Findhorn Foundation in Schottland.

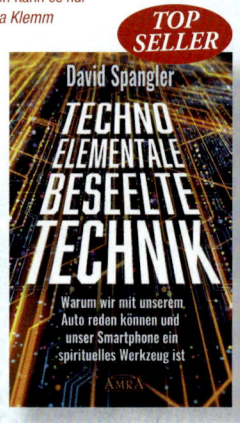

David Spangler
TECHNO ELEMENTALE BESEELTE TECHNIK
Warum wir mit unserem, Auto reden können und unser Smartphone ein spirituelles Werkzeug ist

Dean Koontz
Trixie
Ein Golden Retriever verändert mein Leben
New York Times Bestseller

NEU

Dean Koontz
TRIXIE
Ein Golden Retriever verändert mein Leben
272 Seiten, gebunden, oranges Leseband
€ [D] 24,99 • € [A] 25,70 • ISBN 978-3-95447-325-0

Trixie, ein ehemaliger Assistenzhund, verwandelte das Leben des Ehepaars Koontz. Erfahrungen mit Engeln, Reinkarnation, das Gespür für das Wunderbare und spirituelle Wahrheiten stellten sich ein, als sie in ihre Familie kam. Dean Koontz zeigt sein ganzes erzählerisches Können in diesem zutiefst anrührenden Buch über Liebe und Verlust.

»Mir kannst du nichts vormachen. In Wahrheit bist du ein Engel.«

Alle Bücher auch als eBooks auf www.AmraVerlag.de

Jedes Wort ist aufgeladen mit positiver Energie!

Tanja Matthöfer
Maria Magdalena
Erwachensweg und Leben mit Jeshua
256 Seiten, gebunden, oranges Leseband
€ [D] 22,99 • € [A] 23,70 • ISBN 978-3-95447-412-7

Einblicke in Magdalenas Leben an der Seite Jeshuas kurz vor dem Wendepunkt seiner Kreuzigung bis zu dessen Rückkehr nehmen den Leser mit auf eine Reise durch ihr gemeinsames Leben. Magdalenas Loslassen von Zweifeln und Ängsten und die immer tiefere Verbindung zur eigenen Göttlichkeit zeigen neue, freie Lebensmöglichkeiten für alle Menschen, die begrenzende Lebensregeln durchbrechen möchten.

»Eine einzige geführte Heilmeditation, die das Herz öffnet und das Bewusstsein weitet!«

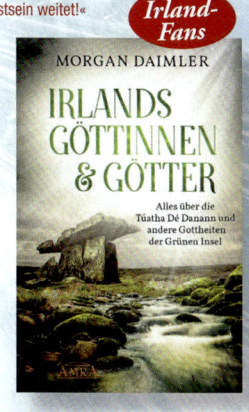

Morgan Daimler
Irlands Göttinnen & Götter
Alles über die Túatha Dé Danann und andere Gottheiten der Grünen Insel
144 Seiten, Softcover im Hardcover-Format
€ [D] 14,99 • € [A] 15,50 • ISBN 978-3-95447-435-6

Irlands Gottheiten sind in der Vergangenheit verwurzelt, aber immer noch aktiv. Es sind mächtige Kräfte, die herausfordern oder segnen können. Bisher war es kaum möglich, Informationen über sie zu bekommen. Wer hat denn eigentlich mit wem und warum zu welcher Zeit den Götterhimmel Irlands bevölkert? Dieses großartig recherierte Werk nennt ihre Herkunft, mögliche Opfergaben und Symbole …

… und das alles im Stil einer Enzyklopädie, die zum Schmökern einlädt!

»Vergebungsarbeit ist Friedensarbeit.«
Vorwort von Jeanne Ruland

Manfred Mohr
Vergeben Versöhnen Verzeihen
Frieden beginnt in uns selbst
176 Seiten, Paperback im Hardcover-Format
€ [D] 14,99 / € [A] 15,50 • ISBN 978-3-95447-379-3

Der große Experte der hawaiianischen Lehre, die als Ho'oponopono bekannt ist, lehrt uns die Praxis der Vergebung in unserem neuen Zeitalter. Vergebung ist für uns heute der Meisterweg zum persönlichen Glück. Neben einer Vielzahl von Anleitungen bietet das Buch Hilfen beim Üben und nennt die zehn Stufen der Liebe.

Der Autor führt das geistige Erbe seiner Frau weiter, der verstorbenen Bestsellerautorin Bärbel Mohr.

Alle Bücher auch als eBooks auf www.AmraVerlag.de

TOP SELLER

Eva Marquez
SEELENHEILUNG und energetischer Schutz
*Befreiung von Besetzungen, außerirdischen
Implantaten und negativen Einflüssen*
224 Seiten, gebunden, oranges Leseband
€ [D] 19,99 / € [A] 20,60 • ISBN 978-3-95447-352-6

Wie erkennt man blockierende Energien? Wie kann man sich
davon befreien? Wie schützt man sich und andere energetisch?
Wie heilt man tiefgehende seelische Verletzungen und erinnert
sich umfassend an sein Wissen als Heiler? Mit Unterstützung der
Plejader erklärt Eva die Ursachen blockierender Energien.

*Alles, was du wissen musst, um durch Übungen, Meditationen
und Behandlungen den Weg in die geistige Freiheit zu gehen.*

Eva Marquez
DNA-Aktivierung durch die kosmische Familie
*Kontakte mit den Plejaden, Sirius, Andromeda,
Centaurus, Epsilon Eridani und Lyra*
208 Seiten, gebunden, oranges Leseband
€ [D] 19,99 / € [A] 20,60 • ISBN 978-3-95447-335-9

Du erfährst etwas über verschiedene Sternenvölker der
Menschheitsfamilie und kannst mit ihnen in Verbindung treten. Wenn
sie deine ursprünglichen Vorfahren sind, steigen beim Lesen vielleicht
Erinnerungen in dir auf, und deine spirituelle DNA wird aktiviert. Du
wirst unwillkürlich auf die Energie eingestimmt, die dir in deinem
jetzigen Leben am meisten weiterhilft.

*»Kosmische Liebe und diese wundervolle Lichtfrequenz.«
– Aus dem Vorwort von
Pavlina Klemm*

NEU

Eva Marquez & Sayama:
Übungs-CDs der Plejader

DNA-Aktivierung durch die Sprache des Lichts
*Seelenheilung und Wiederanbindung an
unsere kosmische Familie*
71 Min; € [D/A] 19,99 • ISBN 978-3-95447-348-9

Kontaktaufnahme mit der kosmischen Familie
Energetische Übungen verschiedener Sternenvölker
78 Min; € [D/A] 19,99 • ISBN 978-3-95447-268-0

SEELENHEILUNG und energetischer Schutz
*Anleitungen zur Durchlichtung mit kosmischer Liebe
Mit einem Original-Channeling von Pavlina Klemm*
78 Min; € [D/A] 19,99 • ISBN 978-3-95447-381-6

Neue Botschaften regelmäßig auf www.AmraVerlag.de

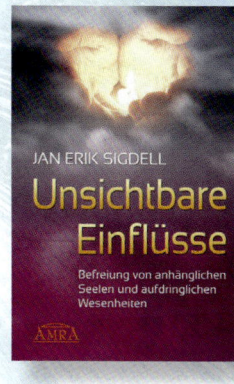

Susanne Hirsch

HEILSEIN – Die Kraft deiner lebendigen Emotionen

Botschaften und Meditationen von Djwal Kuhl
240 Seiten, gebunden, oranges Leseband
€ [D] 19,99 / € [A] 20,60 • ISBN 978-3-95447-373-1

Der Aufgestiegene Meister Djwal Khul beschreibt zahlreiche positive Emotionen, die anschließend mit einer Meditation im Körper lebendig gemacht werden. So können wir die Kraft der positiven Emotionen in unserem Alltag fließen lassen und ein wundervolles, freudvolles und friedliches Leben erschaffen.

Djwal Khuls Handbuch
zum Glücklichsein!

Patricia Cori

Lichtbotschaften vom Sirius Band 1

Weitsicht, Heilung, Wahrheit:
Neues Wissen aus der sechsten Dimension
224 Seiten, gebunden, oranges Leseband
€ [D] 19,99 / € [A] 20,60 • ISBN 978-3-95447-354-0

Angesichts der Herausforderungen dieser Zeit hat sich der Hohe Rat vom Sirius wieder bei Patricia Cori gemeldet – und gleich für ein ganzes Buch. Die Sirianer erklären den Aufstieg unserer Sonne und all ihrer Planeten, der den Eintritt in die galaktische Phase der Koexistenz einleitet, sowie den Übergang aus dieser Realität in die nächste. Wie haben wir uns das Leben darin vorzustellen?

Kerstin Simoné

**THOTH: PROJEKT MENSCHHEIT –
DER TRANSFORMATIONSSCHLÜSSEL**

240 Seiten, gebunden, oranges Leseband
€ [D] 22,99 / € [D] 23,70 • ISBN 978-3-95447-407-3

Endlich, nach sechs Jahren, meldet sich Thoth der Atlanter wieder, und seine Botschaften sind drängender denn je. Wie können wir die Blockaden der inneren Schöpferkraft überwinden? Welche Wirkung hat unsere Loslösung vom Niederen auf das Massenbewusstsein? Thoth schildert uns die Wahrheit über unsere Heimatwelt, die Natur und die Tierseelen – und gibt uns den Schlüssel zur Transformation.

»Thoth und Ra haben mir aufgezeigt, was sich auf unserem Planeten abspielt und wie wir zum Höchsten gelangen.« – Kerstin Simoné

Neues Wissen und Neues Denken auf www.AmraVerlag.de

NEU

Kerstin Simoné

**THOTH: PROJEKT MENSCHHEIT –
IM ALL-TAG. ARBEITSBUCH FÜR DIE JETZT-ZEIT**

224 Seiten, gebunden, oranges Leseband
€ [D] 22,99 € / [A] 23,70 • ISBN 978-3-95447-416-5

Die neuen Energiestrukturen der sich verändernden Welt werden anschaulich erklärt und dabei die sieben Siegel und damit verbundenen Schöpfergötter in Übungen nahegebracht. So gelangt jeder Einzelne in sein persönliches Potenzial, das eine Neuausrichtung und die Anpassung an das neue Frequenzfeld der Erde ermöglicht.

*Die lange erwartete erweiterte Neuausgabe
des atlantischen Arbeitsbuches.*

Erstmals bei AMRA.

NEU

Jeanne Ruland & Anita Schickinger

SONNE – VENUS – MOND AUF ERDEN [Kartenset]
Der Paradiescode im Menschen
55 Karten & Begleitbuch (104 Seiten) in Klappschachtel
€ [D] 19,99 € / [A] 20,60 • ISBN 978-3-95447-430-1

Sonne, Mond und Venus gehören zur ewigen Schöpfungsmatrix des Menschen. Zieh eine Karte, wann immer du eine Frage in dir spürst. Im Begleitbuch findest du zu jeder Karte einen Abschnitt, der die Bedeutung der Karte erklärt, eine Meditation enthält und dir eine Affirmation gibt, mit der du dein Thema positiv wandeln kannst.

Lichtvolle Sternenimpulse für ein Leben aus dem Herzen.

Transformierende Klangmeditationen mit Anleitungen von Jeanne Ruland im Booklet:

ONITANI *instrumental*
Transformation. Im Klangfeld der Hathoren
Aktivierung des Lichtpotenzials im erweiterten Aurafeld
45 Min.; € [D/A] 22,– • ISBN 978-3-95447-411-0

Michael Reimann
Kolloidales Zink [432 Hertz]
*Heilmusik bei Rheuma, Allergien und
Schwermetallbelastungen*
78 Min.; € [D/A] 19,99 • ISBN 978-3-95447-213-0

Michael Reimann
DNA-Aktivierung [528 Hertz]
Heilung der Zellen durch die Liebesfrequenz
80 Min.; € [D/A] 19,99 • ISBN 978-3-95447-347-2

Hörproben aller CDs auf www.AmraVerlag.de

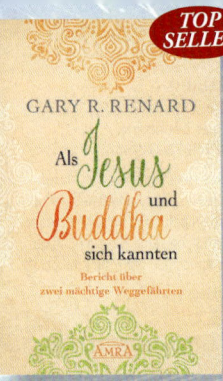

»Mehr als ein Buch – ein Portal, ein Transportsystem, ein Umordnen des Geistes. Und lustig ist Gary auch noch!«
– *H. Ronald Hulnick*

Gary R. Renard
Als Jesus und Buddha sich kannten
Bericht über zwei mächtige Weggefährten
320 Seiten, gebunden, oranges Leseband
€ (D) 24,99 / € (A) 25,70 • ISBN 978-3-95447-246-8

Die Aufgestiegenen Meister Arten und Pursah sind zurück. Ihr neues Buch ergänzt die ursprüngliche Trilogie, bestehend aus *Die Illusion des Universums*, *Deine unsterbliche Realität* und *Die Liebe vergisst niemanden*. Es erkundet sechs Inkarnationen von Jesus und Buddha, in denen sie gemeinsam lebten.

Nie waren ihre Gespräche über die Realität des Lebens so relevant für die Gegenwart.

Gary R. Renard
Die Liebe vergisst niemanden
Antwort auf das Leben
288 Seiten, gebunden, rotes Leseband
€ (D) 22,99 / € (A) 23,70 • ISBN 978-395447-036-5

Keine Bewusstseinserfahrung ist machtvoller als die, wie es sich anfühlt, wenn wir eins sind mit der Quelle. Bestsellerautor Gary R. Renard lehrt, wie wir zu dieser Erfahrung gelangen können, die durch die Meister aller Zeiten und Kulturen der Menschheit beschrieben wurde – auf dem Weg der Vergebung.

Ein echter Kickstart für spirituelles Empfinden.

Gary R. Renard
Deine unsterbliche Realität
Wie wir durch wahre Vergebung unsere Welt neu gestalten
320 Seiten, gebunden, rotes Leseband
€ (D) 22,99 / € (A) 23,70 • ISBN 978-3-95447-193-5

Wie können wir unsere Realität frei und positiv gestalten? Wie können wir uns selbst und anderen verzeihen? Die Antwort ist eine Art Quanten-Vergebung, im Gegensatz zur herkömmlichen Variante. Sie ermöglicht einen neuen Umgang mit der Welt, außerhalb des zerstörerischen Kreislaufs von Schuld und Sühne.

Der Klassiker »Unsterblich« mit neuem Vorwort des Autors.

DVD und CD von Gary R. Renard auf www.AmraVerlag.de

Marlies Pante
NO LIMITS! Willkommen in der Schöpferkraft
Botschaften der Arcturianer –
mit 24 Übungen zur Manifestation
336 Seiten, gebunden, rotes Leseband
€ [D] 22,95 / € [A] 23,60 • ISBN 978-3-95447-218-5

Die Grenzen zwischen den inneren und äußeren Welten lösen sich gerade in atemberaubendem Tempo auf. Daher geben uns die Arcturianer jetzt Hilfestellung und Übungen, wie wir unsere Herzenswünsche mit Leichtigkeit zur Erfüllung bringen. Werden wir wieder zu Schöpfern unserer Welt!

»Ihr könnt zu jeder Zeit an jedem Ort alles erschaffen.«
– Die Arcturianer

Tom Kenyon & Judi Sion
Lichtboten vom Arcturus
Mitteilungen einer aufgestiegenen Zivilisation
224 Seiten, gebunden, silbernes Leseband
€ [D] 19,95 / € [A] 20,60 • ISBN 978-3-95447-144-7

Arcturianer sind schon lange unsere Wächter und Beschützer. Woher sie kommen, welche Aufgaben sie übernommen haben und wie sie uns in dieser schwierigen Zeit unterstützen, schildern hier acht von ihnen – darunter ein Arzt, ein Wissenschaftler, ein Bibliothekar der Akasha-Chroniken, ein Meditationsmeister sowie der aufgestiegene Meister Sanat Kumara.

Eingeleitet von den Hathoren.

Tom Kenyon
Reine Liebe vom Arcturus
Heilmeditationen und Anbindung
69 Min.; € [D/A] 19,99 • ISBN 978-3-95447-143-0

Lightship
Meditative Klänge eines Lichtschiffs vom Arcturus
65 Min.; € [D/A] 19,99 • ISBN 978-3-939373-43-8

Transmissions of Light
Lichtübertragungen
60 Min.; € [D/A] 19,99 • ISBN 978-3-95447-020-4

Songs of the Dharma
Klangcodes aus den Lichtreichen
64 Min.; € [D/A] 19,99 • ISBN 978-3-95447-316-8

Hörproben aller CDs auf www.AmraVerlag.de

Kabir Jaffe, Ritama Davidson,
Margaretha Bessel, Christiane Becht
Deine Energie in Aktion!
»Energy Balancing« fürs tägliche Leben
304 Seiten, illustriert, mit Zusatzfarbe
Amra Paperback XXL
€ [D] 29,95 / € [A] 30,80
ISBN 978-3-939373-85-8

Was geht wirklich vor sich, wenn wir sagen,
jemand sei offen oder verschlossen, die »Chemie« stimme nicht
oder eine Person »sauge« uns aus? Was geschieht, wenn wir
miteinander sprechen, und warum sind wir manchmal nicht
»bei uns«? Wir bilden uns diese Dinge nicht ein – wir nehmen
die subtile Welt machtvoller Energien wahr!

Energy Balancing – der Bestseller!

Kabir Jaffe, Ritama Davidson,
Margaretha Bessel, Christiane Becht
**Wandposter:
Deine Energie in Aktion!**
Die faszinierende Welt der Energie
DIN-A1, glänzendes Bilderdruckpapier
€ [D] 19,99 / € [A] 20,60
ISBN 978-3-95447-033-4

Mehr als 50 farbige Illustrationen, Übungen und Grundlagen aus dem
Buch. Für den eigenen Gebrauch oder als Trainingshilfe für
Energie-Arbeiter, Therapeuten und jeden, der viel mit anderen
Menschen zu tun hat. Ein faszinierender Blickfang!

Sind Sie eine Indigo-Seele und wissen es nicht?

Kabir Jaffe & Ritama Davidson
Indigo-Erwachsene
Wegbereiter einer neuen Gesellschaft
208 Seiten, gebunden, mit Leseband
€ [D] 19,99 / € [A] 20,60 • ISBN 978-3-939373-10-0

Eine neue Art Mensch tritt in Erscheinung, als nächster Schritt in der
Entwicklung der Menschheit. Es sind visionäre und kreative Frauen
und Männer, fortschrittlich, sensibel und unabhängig. Sie verkörpern
neue Auffassungen, ein anderes Denken und Fühlen.

Video-Interview und Gratis-eBook auf www.AmraVerlag.de

NEU

Manuela Laasch
Herzensbriefe an das Leben
Den Weg zum Glück gehst du nicht allein
208 Seiten, gebunden, oranges Leseband
€ [D] 18,– / € [A] 18,50 • ISBN 978-3-95447-321-2

Vorwort von **Ruediger Dahlke**

»Plötzlich öffnen sich Türen, die wir vorher nicht sehen konnten.«

Ein Teenager schreibt seiner Mutter, eine Mutter ihrem verschollenen Sohn, eine Inhaftierte ihrem Opfer ... Diese anrührenden Briefe entführen uns in die Welt unserer Mitmenschen und lassen uns deren persönliche Geschichten erleben. In bewegenden Worten führen sie zu Heilung im Leben der Beteiligten.

»Lange nicht mehr so Kluges und Emotionales über unser aller Suche nach dem Glück gelesen.« – Florian Langenscheidt

TOP SELLER

Courtney A. Walsh
Du darfst strahlen, fliegen, lachen und weinen, verletzt sein und heilen, hinfallen und wieder aufstehen – du bist perfekt!
160 Seiten, gebunden, oranges Leseband
€ [D] nur 12,– / € [A] 12,40 • ISBN 978-3-95447-271-0

Eine kleine Geschichte von ALLEM. Eine Liebeserklärung an das LEBEN. Und ein ganz neuer Weg, um LIEBE zu sehen, zu erfahren und zu teilen ...

Lieber Mensch, du hast alles falsch verstanden: Auf Facebook ging dieses Bekenntnis für die unerschütterliche Freude am Leben um die ganze Welt. Frech, laut und humorvoll ist es ein Weckruf an uns alle!

»Ich bin tief beeindruckt von Courtneys Weisheit und unglaublich dankbar für ihre Geschichte.« – Elizabeth Gilbert

Beliebtes Kinderbuch

Diana Cooper
Finns unglaublich spektakuläre Weltraumfahrt
und Begegnung mit Spinnen, Monstern und Astralwesen
240 Seiten, gebunden, oranges Leseband
€ [D] 17,95 / € [A] 18,50 • ISBN 978-3-95447-124-9

Finn und seine Freunde sehen wie ganz normale Schulkinder aus. Aber als sie auf eine gefährliche Mission ins All entführt werden, entdecken sie, dass sie alle besondere Gaben haben. Und die benötigen sie auch, wenn sie das Universum retten wollen! Doch dazu müssen sie erst Marsianer, Feuerdrachen und Gestaltwandler überstehen ...

Eine Ermutigung für Kinder, ihre Talente für die Welt einzusetzen.

Mehr Bücher zum Thema Kinder auf www.AmraVerlag.de

Steven M. Greer & Steve Alten
OFFIZIELL GELEUGNET! [»Unacknowledged«]
Der New York Times Bestseller zum Netflix-Blockbuster
416 Seiten, gebunden, oranges Leseband
€ [D] 26,99 € / [A] 27,80 • ISBN 978-3-95447-363-2

UFOs sind real. Wir stehen in Kontakt mit Aliens. Freie Energie und Antischwerkraft-Technologie sind im Einsatz. Dr. Greer stellt Dokumente vor, die US-Präsidenten, CIA-Direktoren und Kongressmitgliedern vorgelegt wurden: Multinationale Konzerne betreiben mit Alien-Technologie Billionengeschäfte und demontieren die Welt.

Mit Aussagen von Zeugen der Sicherheitsstufe »Cosmic Secret«, 38 Stufen höher als »Top Secret«.

NEU

Sam Osmanagich
LICHT auf die Vergangenheit
Channelmedien enthüllen die wahren Ursprünge prähistorischer Anlagen
240 Seiten, gebunden, oranges Leseband
€ [D] 22,99 / € [A] 23,70 • ISBN 978-3-95447-203-1

»Dieses Buch schlägt eine Brücke zwischen Wissenschaft und Spiritualität!« – *Peggy Sue Skipper*

Gobekli Tepe in der Türkei, Machu Picchu in Peru, Saqquara in Ägypten und natürlich die bosnischen Pyramiden – das sind nur einige der antiken Anlagen, über die sechs Medien Auskunft geben. Wer hat sie gebaut? Warum? Und wann? Welche Bedeutung haben sie heute? Die klassische Archäologie verweigert Antworten, der Autor lässt jetzt die Akasha-Chronik sprechen.

Sam Osmanagich
Das Geheimnis der Anasazi
Eine technische Hochkultur, die nach 300 Jahren so plötzlich verschwand, wie sie aufgetaucht war
256 Seiten, gebunden, blaues Leseband
€ [D] 19,95 / € [A] 20,60 • ISBN 978-3-95447-158-4

»Ein Energiefeld hält die Anasazi in den inneren Welten der Erde fest.« – *Drunvalo Melchizedek*

Warum verschwand im 13. Jahrhundert von einem Moment auf den anderen ein ganzes Volk? Ein Navaho – Verwandte der Anasazi – schildert ihre Mythen und ihr spirituelles Wissen, legt ihre astronomischen Kenntnisse und ihre Kultur offen, die so verstörend und einzigartig sind wie ihre Bauwerke. Aber warum dienen in der Wüste verborgene Anlagen der NSA ihrer Erforschung?

Jan Erik Sigdell
Die Herrschaft der Anunnaki
Manipulatoren der Menschheit für die Neue Weltordnung
192 Seiten, gebunden, blaues Leseband
€ [D] 19,99 / € [A] 20,60 • ISBN 978-3-95447-216-1

Durch genetische Manipulation erschufen die Anunnaki einst den heutigen Menschen als Arbeitssklaven. Sie führten das Geldsystem ein und bedienten sich der Religionen als Machtinstrument. Wer über sie aufzuklären versuchte, wurde beseitigt – das bekamen schon früh Jesus und die gnostischen Christen zu spüren.

»Eine unterschwellig manipulierte Elite übt die Regierungsgewalt in den meisten Ländern aus.« – *Jan Erik Sigdell*

NEU

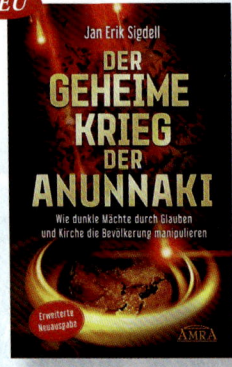

Jan Erik Sigdell
Der Geheime Krieg der Anunnaki
Wie dunkle Mächte durch Glauben und Kirche die Bevölkerung manipulieren
192 Seiten, gebunden, oranges Leseband
€ [D] 19,99 / € [A] 20,60 • ISBN 978-3-95447-307-6

So gehen die Anunnaki vor: Das Wissen um Reinkarnation wurde aus Christentum und Islam entfernt. Durch Gewalt entsteht negative Resonanz. Die Unwissenheit darüber erleichtert es der Machtelite, nach dem Tod eines Menschen seine Rückkehr in ähnliche Verhältnisse zu sichern. Dadurch bleibt ihr Einfluss bestehen.

Sigdell enthüllt die Reinkarnationsfalle.
Erweiterte Neuausgabe!

Zecharia Sitchin
Die Anunnaki-Chroniken
Alles über die ersten Astronauten eines anderen Planeten, die zur Erde kamen, ihre Erschaffung des Menschen und Errichtung unserer modernen Zivilisation
392 Seiten, gebunden, oranges Leseband
€ [D] 24,99 / € [A] 25,70 • ISBN 978-3-95447-243-7

Der zwölfte Planet, UFOs, unsere DNS, Pyramidenkriege, Riesen auf der Erde und vieles mehr – ein vollständiger Überblick über Zecharia Sitchins Theorien, die Zusammenfassung seiner jahrzehntelangen Forschung und all seiner Bücher über das Wirken der Anunnaki auf der Erde, ergänzt durch bisher unveröffentlichte Essays und Vorträge.

Das definitive Handbuch – erstmals auf Deutsch.

Weitere Anunnaki-Bücher auf www.AmraVerlag.de

Marcel Polte
GREYS
Weltweites Wirken und Entführungen in Deutschland
240 Seiten, gebunden, oranges Leseband
€ [D] 22,99 / € [A] 23,70 • ISBN 978-3-95447-259-8

Tausende von Entführungsfällen durch Greys wurden in den USA bereits untersucht. Der promovierte Jurist Marcel Polte, auch als Heilpraktiker und Hypnosecoach tätig, gleicht sie mit Material der US-Geheimdienste ab, das durch den Freedom of Information Act jetzt freigegeben werden musste. Seine Erhebungen für Deutschland belegen den weltweiten Plan: Eine hybride Mensch-ET-Spezies soll die Herrschaft über die Welt antreten.

Erstmals über Entführungsfälle in Deutschland.

Len Kasten
Die Geheime Weltherrschaft der Reptiloiden
*Ihr Ursprung, ihr Sternenreich und
ihr Wirken auf unserer Erde*
400 Seiten, gebunden, oranges Leseband
€ [D] 24,99 / € [A] 25,70 • ISBN 978-3-95447-319-9

Angefangen bei ihrer ersten Kolonisierung der Erde bis zur Infiltration der großen Regierungen in heutiger Zeit, schildert Len Kasten, wie die Reptiloiden durch raffinierte Intrigen die Menschheit versklavten. Ihre Rolle im Nazi-Deutschland und bei den US-Geheimdiensten wird ebenso beleuchtet wie die Unterstützung der Illuminaten, ihrer menschlichen Verbündeten an den Schaltstellen der Macht.

Das erste umfassende
Enthüllungswerk.

David M. Jacobs
Alien-Hybriden! Sie sind mitten unter uns
Der Plan der Außerirdischen, die Menschheit zu unterwerfen
304 Seiten, gebunden, oranges Leseband
€ [D] 22,99 / € [A] 23,70 • ISBN 978-3-95447-261-1

Alien-Hybriden haben sich unter uns gemischt. Um in unserer Gesellschaft nicht aufzufallen, werden sie von entführten Menschen unterrichtet. Jacobs, namhafter US-Historiker und führender Experte für Entführungen durch Aliens, offenbart hier erstmals, wie die Integration der Aliens stattfindet, welche Strategie verwendet wird und welche Mittel eingesetzt werden. Und er gibt mögliche Antworten, was die Aliens mit diesem Vorgehen genau bezwecken.

Viele Beweise und ein Höchstmaß an akademischer Sorgfalt.

Buchauszüge und eBooks auf www.AmraVerlag.de

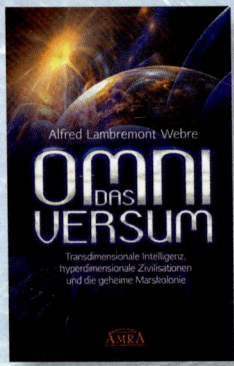

Alfred Lambremont Webre
Das Omniversum
Transdimensionale Intelligenz, hyperdimensionale
Zivilisationen und die geheime Marskolonie
264 Seiten, gebunden, oranges Leseband
€ [D] 22,95 / € [A] 23,60 • ISBN 978-3-95447-248-2

Das Omniversum ist die umfassende Matrix aus Energie, Geist und
Intelligenz, die alle Universen mit der Quelle vereint. Der Autor zeigt, wie
unsere Seelen als holografische Fragmente für die eigene Entwicklung
gemeinsam Planeten und Galaxien erschaffen. Und er enthüllt geheime
Unterlagen über die militärische Marskolonie der NASA.

A. L. Webre leitete die Rechtsabteilung der New Yorker Umweltbehörde,
war UN-Delegierter und Richter bei einem Kriegsverbrechertribunal.
Er ist der Begründer der Exopolitik.

Jason Quitt & Bob Mitchell
Verbotenes Wissen
Warum unsere Welt anders ist,
als man uns glauben machen will
336 Seiten, gebunden, oranges Leseband
€ [D] 22,99 / € [A] 23,70 • ISBN 978-3-95447-285-7

Begegnungen mit Thoth und den Greys, ägyptische Schlangengötter,
ein Galaktischer Krieg, lebende Kristalle und Nikola Tesla ... Der Autor,
ein multidimensionaler Zeitreisender, zeigt, dass unsere Welt nicht so
ist, wie man uns weismachen will. Denn unser Bewusstsein erhöht sich
und lässt uns hinter den Schleier der künstlichen Realität blicken. Wir
erinnern uns an unsere Gaben und unseren Platz im Universum.

»Eine unglaubliche Reise durch
die unsichtbaren Welten und
uns umgebenden Kräfte.«
– Len Kasten

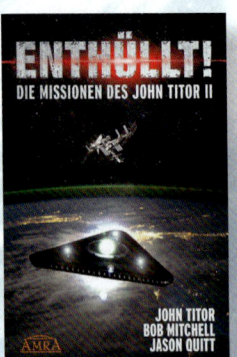

John Titor, Bob Mitchell, Jason Quitt
ENTHÜLLT!
Die Missionen des John Titor II
320 Seiten, gebunden, oranges Leseband
€ [D] 24,95 / € [A] 25,70 • ISBN 978-3-95447-287-1

Reist das US-Militär durch die Zeit? Arbeitet es mit Greys und
Reptiloiden zusammen? Verfügt es über eine Elitetruppe geklonter
und genetisch veränderter Supersoldaten? Lieutenant Colonel John
Titor (Klon!) schildert hier erstmals seine Einsätze und enthüllt die
größte Vertuschungsaktion der Menschheitsgeschichte.

Der Journalist Bob Mitchell starb wenige Wochen nach
Erscheinen des Buchs in den USA überraschend an Krebs.

Neues Wissen und Neues Denken auf www.AmraVerlag.de

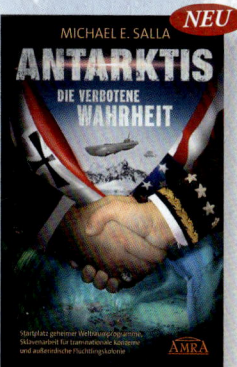

NEU

Michael E. Salla
ANTARKTIS – Die verbotene Wahrheit
*Sklavenarbeit für transnationale Konzerne
und außerirdische Flüchtlingskolonie*
432 Seiten, gebunden, oranges Leseband
€ [D] 26,99 / € [A] 27,80 • ISBN 978-3-95447-395-3

Trump enthüllte kürzlich die Existenz einer US Space Force,
Macron erklärte, eine französische Weltraumflotte sei jetzt
in Planung. Tatsächlich arbeiten in der Antarktis bereits seit
1955 Unternehmen des US-Militärs und internationale Konzerne
an diesem Projekt – unter Nutzung von Sklavenarbeit. Und all
dies geschah von Anfang an unter Mitwirkung von Aliens.

Die wahre Geschichte
der Antarktis.

TOP SELLER

Michael E. Salla
**Das Geheime Weltraumprogramm der
U.S. Navy & die Allianz mit den Nordischen**
*Kampftruppen für den Weltraum –
die wahren Pläne der Regierung Trump*
336 Seiten, gebunden, oranges Leseband
€ [D] 26,99 / € [A] 27,80 • ISBN 978-3-95447-323-6

Neues Whistleblower-Wissen enthüllt weitere unfassbare Wahrheiten:
Trumps Beziehungen zur U.S. Navy und zur CIA, ein Manhattan-
Projekt zum Umbau der existierenden Weltraumflotten, Russlands
Funktion bei der sich abzeichnenden baldigen Offenlegung des
Kontakts zwischen Aliens und Menschen – sowie die Rolle der
Nordischen und ihre Bekanntgabe der antarktischen Entdeckungen.

Die Hintergründe zu
Trumps Aussagen.

TOP SELLER

Michael E. Salla
**Geheime Weltraumprogramme &
Allianzen mit Außerirdischen**
*Whistleblower berichten, was auf
der Erde wirklich vor sich geht!*
432 Seiten, gebunden, oranges Leseband
€ [D] 26,99 / € [A] 27,80 • ISBN 978-3-95447-296-3

Streifen Sie die Fesseln der Täuschung und Blendung ab: Mit
Unterstützung von Aliens gründeten Machteliten der USA die Dunkle
Flotte. UFO-Technologien der Nazis und Wissenschaftler, die im
Rahmen von Projekt Paperclip in die USA kamen, halfen dabei. Heute
finanziert das Interplanetary Corporate Conglomerate, von Majestic-12
geschaffen, die Umsetzung der geheimen Weltraumprogramme.

Whistleblower packen aus.

Alle Bücher auch als eBooks auf www.AmraVerlag.de

Ernst Muldashev
Das Dritte Auge und der Ursprung der Menschheit
Spektakuläre Erkenntnisse zur Herkunft unserer Zivilisation
432 Seiten, gebunden, oranges Leseband
€ [D] 24,99 / € [A] 25,70 • ISBN 978-3-95447-308-3

Eine Analyse der auf tibetischen Tempeln abgebildeten Augen mit anschließender Himalaya-Expedition führte zu diesem Werk, das die bisherige Auffassung vom Ursprung der Menschheit ins Wanken geraten lässt. Es erklärt ihre Migrationswege, ihre Abstammung von Lemurern und Atlantern und wie meditierende Vertreter früherer Zivilisationen und der unseren gemeinsam einen Genpool bilden, der das Menschheitswissen für Katastrophenzeiten bewahrt.

Das Kultbuch –
endlich wieder erhältlich.

Maka'ala Yates
Na'auao Ola Hawaii
Der hawaiianische Weg zu Gesundheit und Wohlbefinden
320 Seiten, gebunden, grünes Leseband
€ [D] 22,95 / € [A] 23,60 • ISBN 978-3-95447-263-5

Hawaiische Gesundheitslehre – das ist mehr als Ho'oponopono. Im Gleichgewicht leben, im Vertrauen auf Wissen und Intuition, den Körper ehren, gesund schlafen, reinigen, fasten, heilsam meditieren und atmen – das sind nur einige Grundlagen der Gesundheit, die im vorliegenden Buch aus polynesischer Sicht erklärt werden.

Das große Grundlagenwerk.

Dr. Maka'ala Yates ist hawaiianischer Abstammung und lehrt seit über 30 Jahren die Heilungskonzepte seiner Heimat. Er erhielt den Kaonohi Award für herausragende Leistungen in der hawaiianischen Medizin.

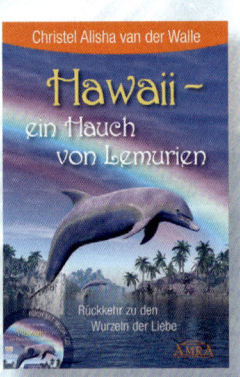

Christel Alisha van der Walle
Hawaii ~ ein Hauch von Lemurien
Rückkehr zu den Wurzeln der Liebe
160 Farbseiten, gebunden, mit Fotos und CD
€ [D] 19,95 / € [A] 20,60 • ISBN 978-3-95447-040-2

Erinnerungen an Lemurien führten die Autorin nach Hawaii. Ihre Berichte über Wale, Delfine und Tempelplätze sind für jeden Menschen eine beglückende Erfahrung – auch dank Meditationsanleitungen und gechannelter Übungen.

Mit sechs lemurischen Gesängen. 71 Minuten.

Buchauszüge und Hörproben auf www.AmraVerlag.de

Transformation gemeinsam erleben

Die Doppel-DVD zum 1. Deutschen Channeling Kongress

Alle Auftritte aller Referenten & Event-Bericht
Unfassbare 6 Stunden 26 Minuten Laufzeit

AMRA Verlag • Wendecover • € 24,99 • ISBN 978-3-95447-404-02

Auf diesem Kongress in Taufkirchen bei München kamen erstmals **die besten Channelmedien Deutschlands** zusammen, um die transformativen Energien der geistigen Welt zu vereinen. Alle Teilnehmer hatten zwei Tage lang die Möglichkeit, sich anzubinden und stärkende Hilfsmittel zu erhalten. Wenn wir uns als Zuschauer jetzt bei diesen Aufnahmen anbinden, können wir die sich entfaltende positive Heilenergie erfahren und wirken lassen.

Erleben Sie das Plejaden-Medium **Pavlina Klemm**, begleitet von Klangheiler **Sayama**, und **Kerstin Simoné**, die Thoth den Atlanter channelt. Schauspielerin **Sylvia Leifheit** beschreibt die Reise der Seele. **Christine Woydt**, musikalisch unterstützt von **Dennis O'Neill**, empfängt medial Übungen von Saint Germain. **Peter Herrmann** berichtet über Lichtphotonen und den Wechsel der Zeitlinien. Bei einer Talkrunde, moderiert von **Thomas Schmelzer**, sprechen **Varda Hasselmann**, **Bettina Büx** und **Siglinda Oppelt** über die praktische Arbeit eines Channelmediums. Und vieles mehr …

Seien Sie von Anfang an dabei!

Versandkostenfrei erhältlich beim AMRA Verlag, Michael Nagula, Auf der Reitbahn 8, D-63452 Hanau
Kunden-Telefon: +49 (0) 61 81 – 18 93 92 • Service: Info@AmraVerlag.de • www.AmraVerlag.de

Als Geschenk erhalten Sie auf Wunsch gratis eine 80-Minuten-CD mit 16 ausgespielten Musikstücken bekannter Künstler.